DEVIL'S PET PEEVES

悪魔の嫌うこと

大川隆法
RYUHO OKAWA

まえがき

二〇二〇年五月十五日、全国公開予定の映画『心霊喫茶《しんれいきっさ》「エクストラ」の秘密―The Real Exorcist《ザ リアル エクソシスト》―』に合わせて、映画中にも出てくる「悪魔《あくま》の嫌うこと」をまとめて、一冊の本として出すことにした。

現在、中国発・巨大コロナ・パンデミックにより、全世界に感染者が数百万人、死者が十数万人以上出ている。現実には、この数字は幾何《きか》級数的に増えていくだろう。

百数十カ国に病人があふれ、不成仏《ふじょうぶつ》の死者の埋葬《まいそう》すら手が回らない状態だ。無神論・唯物論の信奉者《しんぽうしゃ》にとっては、人は死ねばゴミになるだけだろう。しかし、現実は、自分だと思っている肉体自己の数十年の人生こそ、仮《かり》の姿で、魂は死後、天界か地獄界《じごくかい》に赴《おもむ》くか、あるいは、この地上界に執着《しゅうちゃく》して地縛霊《じばくれい》になるしかない。

今朝《けさ》の新聞には、日本全国に緊急事態宣言が出された。地位・名誉、学歴、財産、異性、配偶者、長男などに執着して、この世にとりついている者たちは、悪魔の格好《かっこう》のえじきとなるだろう。

悪魔は確実に存在する。それは他人《ひと》の不幸を喜び、仲間を増やそうとして、今、宴会《えんかい》の最中《さなか》である。

しかし、今、本仏《ほんぶつ》としての仏陀《ぶっだ》が下生《げしょう》した。イエス・キリストに「天なる父」と呼ばれ、イスラム教では「アラー」とも呼ばれ、日本神道的には「天御《あめのみ》祖神《おやがみ》」と呼ばれ、中国では「天帝《てんてい》」といわれた存在である。

本名《ほんみょう》はエル・カンターレ。あなたがたの主《しゅ》である。

本書には、エル・カンターレの説く、悪魔の嫌う三カ条が明らかにされている。精読《せいどく》の上、繰り返してお読み頂きたい。その価値は無限で、国民全員に、そして、全世界の人々に読んでほしいと痛切《つうせつ》に願っている。大救世主降臨《だいきゅうせいしゅこうりん》を知らずして、今、知るべきことはない。求めよ、さらば与えられん。真実の智慧《ちえ》を体得《たいとく》するがよい。

二〇二〇年　四月十七日

幸福《こうふく》の科学《かがく》グループ創始者兼総裁《そうししゃけんそうさい》

大川隆法《おおかわりゅうほう》

悪魔の嫌うこと　目次

第1章　悪魔《あくま》の嫌《きら》うこと

二〇〇四年十月二十一日　説法《せっぽう》
幸福の科学 特別説法堂にて

第2章　怨霊《おんりょう》の発生

二〇一九年八月九日　説法
幸福の科学 特別説法堂にて

第3章　悪魔の正体と見破り方

二〇一一年一月十日　説法

千葉県・幸福の科学　千葉佐倉《さくら》支部精舎《しょうじゃ》にて

第1章
悪魔《あくま》の嫌《きら》うこと

2004年10月21日　説法《せっぽう》
幸福の科学 特別説法堂にて

1　悪魔《あくま》は現実に存在する

「悪魔《あくま》の嫌《きら》うこと」というテーマで話をしたいと思います。

ずいぶん変わった表題ですが、「裏側から見た悟《さと》りの実体」と考えてよいかもしれません。

悪魔というと、昔話のようで、その存在を信じられない人も多いでしょう。今、白昼堂々《はくちゅうどうどう》と悪魔を論ずれば、少々、常識外《じょうしきはず》れのように思われるかもしれません。

しかし、人間の生きている、目に見え、耳に聞こえるこの世界を超《こ》えた、「実在世界」とも言うべき霊《れい》の世界には、悪魔は厳然《げんぜん》として存在しています。

その実在世界は、言ってみれば「心の世界」です。人の心のなかで描《えが》くことの可能なものが、すべて存在する世界です。

つまり、人の心のなかに悪魔というものが存在しうるのであるならば、実在世界においても、それは実体として存在するということです。

あなたがたが、奉仕《ほうし》の心で天使のごとく生きることができれば、実在世界にも天使という存在がありえます。同じように、あなたがたの心が、小説などの文学において、悪魔といわれる存在のようなあり方をすることが可能であり、そのあり方が、一人だけではなく他の人々にも可能な存在形態であるならば、悪魔は死後の世界にも必ず存在すると言わざるをえないのです。

また、抽象《ちゅうしょう》的なレベルの話ではなく、現実の問題として、私が霊的に知覚する範囲《はんい》で、悪魔というものは存在します。

「世の中には、よい人間と悪い人間が存在する」という分け方が認められるとするならば、悪魔というのは、悪い人間の心のあり方を持った存在です。
しかも、その悪い人間のなかでも、特に、悪辣《あくらつ》、悪質な人の心のあり方を持った存在と言ってよいでしょう。

それは、「積極的に悪をなそうとする心、あるいは、悪を広めようとする心」「他の人々を罠《わな》に陥《おとし》れ、悪に誘《いざな》おうとする心」など、悪の拡大を支持する考え方と言ってよいと思います。

悪魔という存在が、二千年前、三千年前、あるいは、それ以上の昔から現在まで連綿とあり続ける理由は、「人間の心のなかに、そのようなものを描くことが可能である」ということにあります。

つまり、「人間の本質に付随《ふずい》する自由性が、破壊《はかい》的な方向で実現したときに、その悪の極致《きょくち》として、悪魔なる存在が現れる」ということです。

2　悪魔の発生原因

本章では、悪魔の存在について積極的に語ることが本旨《ほんし》ではありません。むしろ、もう少し個別具体的に、人の心のあり方について、「このような心のあり方が悪魔の好むあり方である。このような心のあり方を避《さ》けていくように努力するならば、あなた自身が悪魔になることもなく、悪魔の存在領域の拡大に手を貸すこともないであろう」ということを述べたいと思うのです。

私が観察してきたところによると、悪魔の発生原因は、やはり、人間の持つ「自我」と、「自我の行使における自由」にあるようです。

自我は、人が赤《あか》ん坊《ぼう》として生まれ、子供から大人に育っていく過程で芽生《めば》えてくるものです。

それは、自分というものに目覚め、自分というものを愛し、かわいがり、自分という存在をこの世にあらしめようとする力の一部分ではあるのです。

人がこの世に生まれてくるのは、個性を手に入れるためです。今世《こんぜ》の人生で、現在の名前で呼ばれている個性を得るためなのです。

したがって、「自分という存在ができる」ということ自体は、まことによいことであるし、それは人生の目的そのものでもあります。

しかし、「自分」というものを求めていく過程において、仏や神の心に反した自己像を求めたり、あるいは、自己を拡大していく過程において、他の人々の幸福追求の権利を害するような生き方をしたりしてしまう危険性がありま す。それが悪の発生原因と言えるわけです。

大勢の人々が、自由に個性の形成を目指しながら、同時にまた、他の人々を害さず、他の人々と協調しつつ、お互《たが》いに共生《きょうせい》できる生き方、大調和の生き方をすることが大事なのです。

3 悪魔の嫌うこと① ――正直で嘘《うそ》をつかない生き方

悪魔にとって、正直で嘘をつかない人は煙《けむ》たい存在

それでは、悪魔は具体的に、どのような心や考え方、生き方、行動を嫌《いや》がるのでしょうか。

悪魔の嫌がることを明確にすれば、それは、その反対である菩薩《ぼさつ》や如来《にょらい》、天使たちの生き方を目指す指針になり、とりもなおさず、「悟《さと》り」というものの持つ性質を表すことにもなるでしょう。

そこで、私が今まで見てきた範囲《はんい》で、「悪魔は、これを嫌がる」と分かっていることについて述べていくことにします。

悪魔が嫌《きら》う人とは、どのような人であるかというと、第一に、「正直な人」、「嘘《うそ》をつかない人」です。

正直に生きている人、嘘をつかずに生きている人は、悪魔から見ると、とても煙《けむ》たい存在であり、友達として付き合うことのできない〝嫌な人〟なのです。

要するに、「居心地《いごこち》が悪い」ということです。正直で嘘をつかない人と一緒《いっしょ》に生活をすると、悪魔は、苦しくて苦しくてしかたがないのです。

正直で嘘をつかずに生きている人は、ちょうど、「よく磨《みが》いた鏡」のようなものです。悪魔は、そういう人の近くに寄っていくと、その鏡の表面に自分の醜《みにく》い姿が映るので、とても嫌な感じがするわけです。

悪魔は、その反対の人、すなわち、嘘をついたり、騙《だま》したり、ごまかしたりするタイプの人間がとても好きです。そういう人となら友達になれるのです。鏡に映したところで、お互《たが》いに、醜い心、醜い姿は同じであり、「人の目につかなければ、悪いことができる」と考える性質を共有できるので、友達でいられるのです。

ところが、正直で嘘をつかない人と一緒にいると、磨き切った澄《す》んだ鏡に自分の醜い姿が映っているようで、嫌で嫌でしかたがないのです。

したがって、悪魔と手を切りたければ、まず、嘘のない正直な生き方を目指すことです。

「間違《まちが》いを犯《おか》した」と気づいたら、そのつど反省すること

もし、嘘をついたり、自分を騙したり、人を騙したりするような生き方をしたときには、そのつど丁寧《ていねい》に反省することです。「いけないことをした」と反省することです。

それは、ちょうど、曇《くも》った鏡を磨く行為《こうい》に当たります。鏡は、曇ってしまえば、真実の姿を映すことができません。

「嘘を言うことなく、一生、正直に生き切る」ということを建前にしていても、なかなか、そうはできないのが人間です。「自分は間違《まちが》いを犯《おか》した」と気づいたら、そのつど、魂《たましい》の苦しみを感じて、きちんと反省することです。そうすれば、結果的には、「正直に、嘘をつかずに生きる」ということと同じになります。

少なくとも、人は騙せても自分自身は騙せません。自分の本当の心、良心に、正直に生きることが大事です。

4 悪魔の嫌うこと ② ――コツコツと努力する勤勉な生き方

悪魔は「怠《なま》けたり、サボったりする仲間」を増やしたい

悪魔の嫌《いや》がることの二番目を挙げましょう。

悪魔は、「勤勉な人」が嫌《きら》いです。「真面目《まじめ》に努力する人」、「人が見ていようと見ていまいと、コツコツと努力する人」、そういう人が嫌いなのです。

悪魔は人の目をとても気にします。彼らは、人の目に触《ふ》れるところでは、努力しているように見せることがありますが、「人が見ていないところで努力するなんて、バカバカしい」という心を持っています。

人が見ているところでも、できれば怠《なま》けたりサボったりしたいわけですが、

ほかの人から、「怠けたりサボったりしている」と思われるのは嫌なので、できれば仲間をつくりたいのです。

ほかの人も一緒《いっしょ》に怠けたりサボったりしていれば、自分がそうしていても、あまり目立ちません。ところが、自分一人だけが怠けたりサボったりしていると、周りの人に見つかってしまい、自分のことを悪く言う人がたくさん出てきます。そのため、彼らは、「できれば仲間を増やしたい」という気持ちを持っています。

一番目に、「悪魔は、正直で嘘《うそ》のつけない人を嫌う」ということを述べましたが、二番目には、「悪魔は、勤勉な人、コツコツと努力を積み上げていく人を嫌う」ということです。

そういう人は、悪魔にとっては実に嫌なものです。常に、悪魔をいじめるための武器を手入れしているように見えるのです。「刀に磨《みが》きをかけ、光らせいる」という感じでしょう。〝悪魔を退治《たいじ》する道具〟をいつも手入れしているように見えるわけです。

刀がなまくらになり、錆《さ》びついていたら、物は斬《き》れません。また、金属の刀ではなく、竹製の刀、竹光《たけみつ》であれば、人は斬れません。

そのように、人々が、間違《まちが》ったものや善悪を見分ける目を曇《くも》らせていくほうが、彼らにとっては生きやすいので、きちんと善悪を分けて切るような〝刀〟を持っている人は嫌なのです。

勤勉に、コツコツと、陰日向《かげひなた》なく努力する人を、悪魔はとても嫌います。

そういう勤勉な人は、「仏神《ぶっしん》から頂いた自分の一生を大事にしよう」としている人でもあるわけです。「せっかく頂いた今世《こんぜ》の人生の時間を大事にしよう。この世には、めったに生まれてくることはできない。せっかく、この世に生まれてきたのだから、その人生の内容を、充実《じゅうじつ》した、よいものにしたい」と考えている、心根《こころね》のよい人です。

このような人を悪魔は嫌がるのです。

コツコツと努力する真面目《まじめ》な人は後光《ごこう》が射《さ》している

悪魔たちは、「できれば、ぐずぐずし、ダラダラし、能率を下げたい。大事なことをしないで逃《に》げたい。大事なことを避《さ》けたい。怠けたい」という気持ちに満ちています。

これは「悪魔の罠《わな》」であるわけです。

怠けたい人を騙《だま》したり、罠にはめたりするのは簡単です。

犯罪に引き込《こ》まれるのも、たいていそういう人です。「怠けたい人にうまい話を持ちかけて、その人を騙す」ということです。それから、怠けて遊んでいる人たちがたむろするような場所で、犯罪は多発します。

真面目《まじめ》に、勤勉に努力している人のところでは、犯罪は起こしにくいのですが、「何かうまいことをやって、サボれないか」と思っている人に対しては、悪魔は簡単に罠を仕掛《しか》けられます。

コツコツと努力する真面目な人は後光《ごこう》が射《さ》しているので、悪魔から見たら嫌で嫌でしょうがないのです。

悪魔は、怠け者や悪さができる者、ぐずぐずしたがる者などと仲間になりたがります。「酔生夢死《すいせいむし》の人生を送っている人」と言ってもよいですが、自《みずか》らの人生を無駄《むだ》にし、駄目にする人、サボる人、こういう人は、悪魔の友達に近いと見てよいでしょう。

5 悪魔の嫌うこと③――明るく積極的な生き方

悪魔は、暗くて、じめじめした人が好き

それでは、悪魔が嫌うことの三番目は何であるかを考えてみましょう。

一番目には、「悪魔は、正直で嘘《うそ》がつけない人を嫌う」と述べました。二番目には、「悪魔は、勤勉な人、コツコツと努力する人を嫌う」と述べました。

三番目は何かというと、「明るく積極的な考え方をする人」、「どのような苦難や困難のなかにおいても、自分の可能性を見つけ出そうとする人」です。そういう心の傾向性《けいこう》を持つ人、常にそういう考え方をする人を、悪魔は嫌います。

悪魔は、暗くて、じめじめした人が好きなのです。悲観的で、「自分は駄目《だめ》なのだ。自分の前途《ぜんと》は真っ暗で、自分には、もう可能性はないのだ」と愚痴《ぐち》を言う人と、仲間になりたいのです。

逆に、雨の日や嵐《あらし》の日、風の吹《ふ》く日にも、晴れの日と同じような心を持って生きようとしている人は、悪魔にとっては苦手《にがて》な人です。

雨が降れば、それを言い訳にしてサボりたくなる人、あるいは、何か自分にとって都合《つごう》の悪いことや逆風になること、自分の勉強や仕事などのやる気をなくさせることが目の前に現れたら、「待ってました」とばかりに、すぐに、それを人生の暗い材料に使う人、こういう人が、悪魔にとっては手ごろな仲間の一人なのです。

しかし、どんなに苦しくとも、そのなかから可能性を見いだして、明るく積極的に生きようとしている人は、悪魔にとっては非常に付き合いにくい人なのです。

「与《あた》えられた材料のなかで何ができるか」を考える

例えば、「お金がない」という場合があります。

そのときに、「お金がないために、自分は不幸である」と考えたならば、不幸の言い訳はいくらでもつくれるでしょう。

「お金がないために、おいしいものが食べられない」「お金がないために、遊べない」「お金がないために、よい学校や塾《じゅく》に行けない」「お金がないために、結婚《けっこん》相手に恵《めぐ》まれない」「お金がないために、車が手に入らない」「お金がないために、よい家に住めない」など、いくらでも出てきます。

「お金がないために、できないことがある」というのは、現実には、そのとおりでしょう。どんな人も無限にお金を持っているわけではありません。お金というものは、よい仕事をして、人に認められたら、それ相応に入ってくるものです。

「お金がないために、自分は不幸である」という言い訳をする人は、「不幸を愛している」という言い方は極端《きょくたん》かもしれませんが、「お金がないのだから、自分が不幸なのはしかたがないのだ。当然なのだ」と考えているのです。要するに、貧乏《びんぼう》であることを恨《うら》んでいるわけです。

さらには、「人間関係でうまくいかない」という場合があります。例えば、「友達ができない」「親が自分に対してつらく当たる」「先生が自分を悪く取り扱《あつか》う」「会社の上司が自分をいじめる」「会社の同僚《どうりょう》が自分を仲間外れにする」「会社の後輩《こうはい》が自分を蔑《ないがし》ろにする」などということがあります。

そのように、「人間関係でうまくいかない」ということで、人生を恨んだり呪《のろ》ったりすることだって可能でしょう。

あるいは、「夫婦《ふうふ》関係がうまくいかない」という場合に、「夫のせいで自分はうまくいかない」「妻のせいで自分はうまくいかない」という言い方もできるでしょう。

うまくいかないことの理由はいくらでもつくり出せるのですが、「そのなかで、今自分は何ができるか」ということを、明るく考えてみることが大切です。「与《あた》えられた材料のなかで、何ができるか。どう戦えるか」ということを考えていただきたいのです。

そして、わずかな可能性のなかからも、自分の生き筋《すじ》、人生の筋道というものを見いだしていくことが大事なのです。

勇気を奮い起こし、「もう一努力できないか」と考える

「こんな状況《じょうきょう》の下《もと》で、どうして心が明るくなれるのか。どうして積極的にな

れるのか。暗く消極的になるのが当たり前ではないか」と言う人も多いでしょう。

ただ、そういう人は、いわゆる〝凡人《ぼんじん》〟と言うべき人ではないでしょうか。それは、ちょうど、「川は上流から下流に流れてくる。だから、川のなかにいたら流されるに決まっているではないか」と言っていることと同じです。

しかし、川の魚は、上流から下流に向かって泳いでいるだけではないでしょう。同じところで泳ぐ場合もあれば、上流に向かって泳いでいくこともあります。流れに逆《さか》らって上流に泳いでいくこともできるのです。

そのように、「上流にも泳いでいけるし、その場でも泳げるし、下流にも泳いでいける」という自由さを手に入れているから、彼らには彼らなりの幸福があると言えるのです。

もし、「川の魚は、流れのとおりに川下《かわしも》にしか泳いでいけない」ということであれば、川には魚は一匹《ぴき》もいなくなるでしょう。みな、海のなかに流し込《こ》まれてしまうからです。それは、結局、川のなかには生き物はいられなくなることを意味します。

人生においても、苦難や困難、都合の悪いことはたくさんあるでしょうが、それを言い訳にして、「だから、自分は駄目なのだ。駄目で当然なのだ」と思うならば、人生を生きる人はいなくなるのです。

「人は、生まれてきたら、みな流されてしまい、人生は失敗になり、地獄《じごく》に堕《お》ちる」ということであれば、この世に生まれること自体に、もはや値打ちがなくなると言わざるをえません。

自分を鍛《きた》えてください。

苦しいときや悲しいとき、つらいときに、踏《ふ》みとどまって、勇気を奮い起こし、もう一歩、前向きに歩いてみることです。

「もう一努力ができないか」ということを考えていただきたいのです。「自分には、この問題は解けない」と思ったときに、「疲《つか》れた」と思ったときに、もう一粘《ひとねば》りをしてみるのです。「自分には、これ以上の努力は無理だ」と思っても、もう一回、チャレンジしてみるのです。「万策尽《ばんさくつ》きた」と思ったときに、「しかし、まだ何かヒントがあるかもしれない」ということを考えてみるのです。

易々《やすやす》と諦《あきら》めてしまわないことです。

「泥沼《どろぬま》に見事な蓮《はす》の花を咲《さ》かせる」という釈尊《しゃくそん》の教え

悪魔が嫌うこと、すなわち、悪魔の仲間にならないための方法は、「明るく積極的な心の持ち方を大切にする」ということです。そして、「どのような立場にあっても可能性を見いだしていく」ということです。

インドの釈尊《しゃくそん》も、そのように教えました。「塵芥《ちりあくた》が捨てられる、ごみ捨て場のようなところや、泥沼《どろぬま》のようなところに、きれいな蓮《はす》の花が咲《さ》くであろう」と釈尊は説きました。

汚《きたな》い泥のなかに、その材料からは、とても考えられないような、見事な蓮の花が咲き乱れ、極楽《ごくらく》のような景色ができてくるのです。不思議です。

どのような材料のなか、どのような環境《かんきょう》のなかにあっても、きらりと光る人生を生きることが、とてもとても大事なのです。

そういうことを考えてください。

6　美しい人生を生きるための秘訣《ひけつ》

「悪魔《あくま》の嫌《きら》うこと」と題し、主として三つの考え方やあり方について述べました。これ以外にも、たくさんの考え方がありますが、あまりいろいろなことを言っても難しくなります。

結論的にまとめ直してみるならば、一番目は、「嘘《うそ》をつかない正直な生き方をしましょう」ということであり、二番目は、「コツコツと努力する、勤勉な生活をしましょう」ということであり、三番目は、「どのような立場にあっても、最後まで希望を捨てずに、明るく積極的な生き方をしましょう」ということです。

こういうことを心掛《こころが》けていただきたいのです。

そうすれば、悪魔はあなたから遠ざかり、天使があなたに微笑《ほほえ》みかけることになるでしょう。

人生は、この世だけではありません。死のあとにも、この世を去った世界で魂《たましい》の生活は続いています。

その魂の生活のためにも、今世《こんぜ》を無駄《むだ》にしないことが大事です。今世を大切に大切に使い、無駄にしないでください。両親から頂いた体を無駄にしないでください。

世間《せけん》の多くの人々が自分を生かしてくれていることに対して、感謝の気持ちを持ってください。

また、「仏や神が、このような偉大《いだい》な修行《しゅぎょう》の機会を与《あた》えてくれた」ということとの喜び、「今世、この時代に生まれて、人間として生きられる」ということの喜びを十分に知ってください。
それが、あなたが美しい人生を生きるための秘訣《ひけつ》でもあるのです。

第2章

怨霊《おんりょう》の発生

2019年8月9日　説法《せっぽう》

幸福の科学 特別説法堂にて

1　怨霊《おんりょう》とは何か

本章の法話《ほうわ》は、お盆《ぼん》のころに説いたものです。

お盆の季節になると、都会に出ている人たちが実家に帰って、先祖の墓参《はかまい》りをしたり、年忌法要《ねんきほうよう》で供養《くよう》をしたりするために、〝民族大移動風〟に動きます。少し廃《すた》れてきてはいるのですが、それでもまだ、「夏のお盆と、冬の大晦日《おおみそか》や正月ごろに田舎《いなか》へ帰る」という風習は残っており、お盆休みは、夏休みの代わりになっていると思います。

本章では、「怨霊《おんりょう》の発生」という題を選んでみたのですが、現代人は、ある意味で非常に鈍感《どんかん》になっていて、霊的《れいてき》なものを感じにくくなっています。

昔に比べて建物はしっかりしていますし、照明によって内も外も明るい状態です。夜もコンビニ等にライトが点《つ》いていて、昔のように幽霊《ゆうれい》やお化《ば》けが出ることは、非常にまれになってきています。現代化の波のなかで、そうした霊的なものが、かなり見失われているのではないかと思います。

怨霊とは、「死んだあと、この世に心残りがあり、さらに何らかの恨《うら》みやつらみがあって、言いたいこと、訴《うった》えたいことがあるような霊」のことです。

中世の文学等を読めば怨霊はいくらでも出てくるのですが、現代では、怨霊について話しても、一笑《いっしょう》に付されることのほうが、むしろ多いだろうと思います。

夏の間のテレビ番組等で、ときどき、そういうものが扱《あつか》われることはありますが、日常生活や職場等では話題にならないレベルであろうかと思います。

2　怨霊《おんりょう》の体験

私の両親の結婚《けっこん》に大反対をしていた母方の祖母

怨霊《おんりょう》について、簡単に話をしてみようと思います。

具体的なことを言ったほうが分かりやすいので、過去にも触《ふ》れたことのある話ですが、私自身の体験で話をします。

それは、私がすでに霊能力《れいのうりょく》を持っていたころの話ですが、おそらく、今からもう三十五年以上前になると思います。学生時代はもう終わっていて、社会人になり、お盆《ぼん》のころに里帰りをしていたときのことです。母方の祖母が亡《な》くなって一年後ぐらいの、最初のお盆だったような気がします。

母が法事で実家に帰ったか、帰らなかったかは、ぼんやりしていて、もう分からなくなっているのですが、お盆の時期だったことだけは確実です。

母方の祖母には、私の家とは疎遠《そえん》な部分が若干《じゃっかん》ありました。というのは、父の善川三朗《よしかわさぶろう》と母が結婚《けっこん》する際に、祖母がかなり反対したからです。

当時、二十代だった父は、三年ぐらい学校の教員をしていたものの、「面白《おもしろ》くない」と言って辞《や》めてしまい、政治運動をやっていました。実際上、無職で住所不定の活動家であったので、「ずいぶん年下の母の現金収入を狙《ねら》って、結婚したに違《ちが》いない」と母の実家は思っていて、大反対を繰《く》り広げたのです。

祖母には八人ぐらい子供がいて、男が二人で、あとは女性ですが、徳島県の川島町《かわしまちょう》に母が徳島市内から嫁《よめ》に来て以降も、女きょうだいが母を取り返しに来ようとするなど、あまり実家との関係はよくありませんでした。

ただ、私の両親が結婚して二十年ぐらいたつと、祖母は「どうやら川島がいちばん成功したようだ」と言うようにはなっていました。祖母は、うちのことを「川島」と呼んでいたのです。うちには孫（私と兄）も二人いたので、たまに来るような関係にはなっていました。

祖母は超能力《ちょうのうりょく》のようなものを持っていた

祖母は口の回転が非常に速い人でした。私の母もよくしゃべる人なのですが、祖母が来ると、母は一言《ひとこと》もしゃべれない状態に陥《おちい》るのです。祖母が三倍速ぐらいでしゃべるので、母が一言も返せないうちに、祖母は次のことをしゃべっているような感じでした。

祖母は早く死んだわけではなく、子供たちが大きくなるところまで生きていたのですが、口が悪かったために、子供たちに嫌《きら》われたようです。子供のところに引き取られましたが、たらい回しにされ、結局、「面倒《めんどう》なので」ということで、老人ホームの代わりに病院へ入れられたのです。

ただ、祖母はちょっとした超能力《ちょうのうりょく》のようなものを持っていたようです。

病院にいて、子供のうちの誰《だれ》それに会いたいと思うと、当時は携帯《けいたい》電話がありませんので、「〇〇、来い」と会いたい子供の名前を紙に書き、それを「こより」にし、ベッドの柵《さく》に縛《しば》りつけておくのです。

そうすると、その子供は頭が痛くてしかたがなくなり、「これは、ばあちゃんが『来い』と言っているに違いない」と思って病院に行くのですが、案《あん》の定《じょう》、そのとおりで、祖母が「来たか！」と言っていました。そして、祖母に「こより」を解いてくれるようにお願いし、祖母がこよりを解くと、子供の頭痛が治るわけです。

このようにして、祖母は子供を呼び寄せることができました。〝いい念力《ねんりき》〟かどうかは知りませんが、そういうことができたのです。頭が痛くなり、締《し》め上がってくるので、子供たちは、「呼ばれている」とすぐに分かったようです。

そうした話を聞いたことがあるので、祖母にはそのような資質が少しあったのかと思います。

祖母の家の隣《となり》には、犬神《いぬがみ》に憑《つ》かれた人がいた

これも以前に話をしたことがあるのですが、祖母の家の隣《となり》には、●犬神《いぬがみ》に憑《つ》かれた人がいたようです。

昔、祖母の家は「庄屋《しょうや》」で、小作農たちの取りまとめをしていました。代官のところに年貢《ねんぐ》を納めるとき、どのくらいにするかとか、そのような話をしたりする役割もあって、今で言えば村長のようなものかもしれません。そういう仕事をしていたので、近所の世話役でもあったわけです。

●**犬神**　憑きものの一種。一般に、犬の霊が取り憑き、災いを起こすと言われる。こうした考え方は、西日本に広く分布し、四国を本場とする説もある。なかでも、徳島県にその傾向が強いとされる。

その実家には私も何度か行ったことがありますが、左隣に醤油《しょうゆ》屋がありました。醤油を売っている店ですが、そこの奥《おく》さんといいますか、おばあさんのことを、うちの祖母は、「犬神が憑いている。犬神憑きだ」と言っていました。

「阿波《あわ》の犬神」はけっこう有名ですが、犬神の憑いている人が、うちの実家の近所にもいたわけです。

その人の家の場合、「そこの家に上がって、ご飯《はん》を食べて帰ると、犬神を連れて帰る」と言われていました。確かにそういうところがあって、家族とそこに行き、ご飯などを食べて帰ってきたら、夜中に発熱したりするのです。

また、面白いことに、物理現象として、首や手、足などに、犬の歯型、噛《か》み型のようなものが残り、「翌朝に見たら、歯型が残っている」というかたちで、物証が出るわけです。

このように、母の実家では、「隣の人は犬神憑きだ。あそこに行ってご飯を食べてはいけない」と言われていました。

もう一つ聞いたのは、次のようなことです。

私の実家として川島町の生家がありますが、その二軒《けん》隣ぐらいのところの奥さんも「犬神憑き」と言われていました。

今はそこにはいないのですが、当時、その人のところに赤ちゃんなどを連れていくと、「まあ、かわいい、かわいい」と言って、赤ちゃんの手や足、首などを噛むので、「あの人も犬神憑きだ」と言われていたのです。

このような人は、けっこういたのかもしれません。どこかに発生源があったのではないかと思いますが、犬神憑きの人の家を、二カ所聞いたことがあるのです。

川島町のほうで犬神憑きと言われた人は、川島神社の鳥居《とりい》をくぐったとき、四つん這《ば》いで這い始めたそうです。川島神社にそんな力があるのかどうかは知りませんが、当時は、そういうことがあった時代ではあります。

祖母の家があるのは、徳島市のなかでも蔵本《くらもと》という所に近いあたりで、蔵本駅前のほうです。

「隣の醬油屋の犬神を連れて帰った」というときには、「これを追い払《はら》わなくてはいけない」ということになりますが、どうするかというと、その家の樋《とい》を伝って雨だれが落ちるところの石を拾ってきて、それを七輪の上の金網《かなあみ》に置き、火を燃やして、その石を焼くのです。

そうすると、おばさんかおばあさんか知りませんが、醬油屋の女性が、「体が焼けるように熱い。痛い、痛い」と言って転げ回るという現象が起きて、「誰かが何かをしているらしい」と言っていました。

密《ひそ》かに「犬神を追い払う儀式《ぎしき》」をやっていたわけですが、実際にそう言っていたので、祖母は、やや念力系の能力を持っていた方ではないかと思います。

お盆《ぼん》の時期には地獄《じごく》の門が開《あ》く

その祖母が亡くなりまして、おそらく真言宗《しんごんしゅう》のお坊《ぼう》さんを呼んで法事をしたはずですが、法力《ほうりき》がなく、効き目はなかった模様です。

そのため、一年後ぐらいのお盆《ぼん》に私が里帰りをしたときに、次のようなことがありました。

法事のあとだったか、その時期だったのかは分かりませんが、元気に晩ご飯の準備などをしていた母が、急に具合が悪くなって、生汗《なまあせ》をダラダラと流し始め、ハアハアハアハアという息をし出したのです。そして、とうとうソファに横になりましたが、熱も出てきたようでした。

現象だけを見れば、一般《いっぱん》には心不全《しんふぜん》か、心不全プラスアルファの病気を発病したような感じに見えました。

父が、「わしが追い払ってやる」と言って、お経《きょう》か何かを読んだのですが、まったく効き目がなかったので、「では、私がやりましょうか」ということで、私が話しかけてみたところ、確かに霊が来ていることが分かりました。

そして、「こちらに呼んで話をしよう」ということで、私のなかに霊を入れて話をしてみたら、来ていたのは一年前に亡くなった祖母だったのです。

お盆のことについて、亡くなって一年ぐらいの人に話を訊《き》いたのは、私としても初めての経験だったのですが、「なぜ来たのか」ということを訊いたところ、祖母は、「地獄《じごく》の鬼《おに》たち、すなわち、刑務所《けいむしょ》というか、昔の代官所の牢《ろう》のようなものの番人が、お盆には夏休みになるので、そのときだけ、門《かんぬき》を抜《ぬ》いて門を開《あ》けてくれる。それで出られるようになるのだ。ただ、それはお盆の間だけであり、お盆が終わったら帰らなくてはいけない。お盆の間は門が開くので、それで出てこられた」ということを、明確に言っていました。

そして、「死後一年たったけれども、実はまだ成仏《じょうぶつ》できていないのだ」ということだったのです。

祖母が成仏《じょうぶつ》できなかった理由

それを突《つ》き止めたのですが、「なぜ祖母は成仏《じょうぶつ》できなかったのか」というと、やはり、「口が悪かった」ということも原因にはなっていました。

それ以外にも、子供に関し、「きょうだいのうち、年が下の子をかわいがり、子供が見舞《みま》いに来ても、下の子にお小遣《こづか》いを多めにやって、上の子にはあまりやらない」というような不公平があり、「えこひいきをする」ということで、子供たちから嫌われていたようです。

また、「わがままだ」ということもあります。子供のところを何軒か回ったけれども、面倒を見てもらえなくなり、病院に入れられたところを見ると、わがままだったのでしょう。

それ以外のことに関しては、若いころからどうだったのか、よくは知りません。

あるいは、私の父と母の結婚に反対して、疎遠であったことについて、父と母が結婚しなければ私は生まれてこられないので、それに対する罰《ばつ》もあったのかもしれませんが、よくは分かりません。

とにかく、お寺のお坊さんの読経《どきょう》では全然救われていないので、私が話をし、だいたい、「このように考え方を変えなさい」と言って生前のことを反省させ、一時間ぐらいで天上界《てんじょうかい》に還《かえ》らせたのです。

それをしているうちに、ソファに寝《ね》てハアハア言っていた母が、スクッと立ち上がり、終わりのころには、台所仕事を平気でできるような状態になっていました。

これ以外にも、もう一件、違うケースで同じようなことをやったことがあります。そのときは、私は東京にいたまま電話で行いました。

その方は霊体質だったと思われるのですが、悪霊《あくれい》に憑かれて呼吸困難のような状態になっていたので、しかたなく、東京から電話でお祓《はら》いをしたのです。

そうしたら、ハアハア言っていた人が、スクッと起き上がって動き回れるようになり、医者が往診《おうしん》に来る前に治ってしまいました。

そういう例もあります。

3　怨霊《おんりょう》の発生原因

お墓《はか》や法事には、死者にとって一定の意義がある

お盆《ぼん》にちなむ話を少ししてみました。

生前、あの世の存在を信じていない人もいるわけですが、そういう人は、死んでからあと、あの世があって困り、どうしたらいいか分からなくて迷うことになります。その場合、だいたい子孫《しそん》のところに来るしかないので、お盆や先祖供養《くよう》、法事などもバカにしたものではないと思います。

ただ、本来は、お経《きょう》に功徳《くどく》があって、お経をあげる導師《どうし》に法力《ほうりき》のあることが必要で、そうでなければ、地獄《じごく》に堕《お》ちている者を救えないのですが、形式

的にやっていることが多いのです。

それでも、親族が集まり、遺影《いえい》を掲《かか》げて法事をしていると、霊《れい》のほうでは、「自分は死んだらしい」ということが何となく分かりますので、そういう意味では、まだ意義はあると思います。

今、老後の資金がだいぶなくなってきて、年金に不安が起きているので、法事や葬式《そうしき》、戒名《かいみょう》などをどんどん省略していこうとする傾向《けいこう》があります。

そして、自然葬、樹木葬などと言って木の周りに遺骨を埋《う》めたり、海に遺《い》灰《はい》を撒《ま》いたりして、お墓《はか》を残さない場合もあります。お墓をつくるにはお墓代が要《い》るので、「お墓」と「法事」の分のコストカットをして済ますこともあるのです。

しかし、死後、実際に迷っている方もいるわけであり、そうした方にとっては、自分の位《い》牌《はい》もなければ、お墓も法事もないとなると、なかなか大変でしょう。

現代では、唯物論《ゆいぶつろん》のほうに傾《かたむ》いている人が、ざっくり言って五割、もっと言えば七割近くはいると思うので、そうした人たちは、実は困っているのではないかと思います。

また、手抜《てぬ》きをし、複数の人の遺骨を集めて、まとめて供養する場合もありますが、個別に届いているかどうかは分からない面もあります。

やはり、マンツーマンというか、個人としてアイデンティファイ（識別）するというか、「その人のための供養」ということを意識しないと、供養する相手に伝わらないものはあるのです。

いちばん効果があるのは、「幸福の科学の経文《きょうもん》」で供養してあげることです。これは現代語で書かれていて分かりやすいですし、言葉に言魂《ことだま》があるので、供養できるのです。そういうことは実際にありました。

あの世を信じていない人では怨霊《おんりょう》等を祓《はら》えない

学校で勉強がいくらできても、例えば、高校時代に「ものすごく優秀《ゆうしゅう》だ」と言われたり、大学で「優秀だ」と言われたりしても、「死んだあと、どうなるのか」ということについては、知らないものは知らないのです。

センター試験で何点を取ろうが、大学で「優」を何個揃《そろ》えようが、まったく、かすりもしません。「出題範囲《はんい》」に入っていないのです。もちろん、司法試験の出題範囲にもなければ、医師の国家試験の出題範囲にもありません。授業もなければ、試験もないのです。

そのため、そうしたことを知らずに、かなり唯物的にやっているはずです。

しかし、本当は、死んでからあとのほうが大事というか、肉体に宿っている数十年の時間は「仮のもの」であり、肉体に宿っていない「魂《たましい》の時間」のほうが長いのです。

この世に生まれ変わる前は、霊的には、いちおう完全なままですが、肉体に宿って何十年か生きている間に、この世の諸事に紛《まぎ》れて霊的な自覚を失っていきます。そして、あの世へ還《かえ》ったときに、その感覚が抜け切らなくて迷います。

迷ったら、誰《だれ》かに助けてもらいたくなり、自殺の名所や自宅などの「場所」に縁《えん》のある人、あるいは家族や親族、友人のところ、会社、こういったところへ、「何とか助けてくれ」と言いに来るわけです。

ところが、この世の人には霊の声が聞こえないので、その人を供養することができないのが現実です。

さらに、今の人は昔の人に比べて霊的な感性が非常に落ちているので、感度が悪く、霊的なものが分かりません。

また、お坊《ぼう》さん等も、唯物論の影響《えいきょう》をそうとう受けています。ほぼ唯物的な思想を教わっている人が多く、〝古文・漢文のお経〟をただ読んでいるだけで、実際には、祓《はら》えないことがあるのです。

これは非常に残念なことです。昔に比べて、あの世を信じていない人が多いため、祟《たた》ってくる怨霊《おんりょう》等を退散させることが、昔より難しくなっているのです。

昔は、みなが、「人間には魂が宿っていて、死んだら幽霊《ゆうれい》になり、天国か地獄のどちらかに行く」ということを知っていました。そのため、周りの様子を見て、自分の具合の悪さを見れば、いちおう亡《な》くなった人自身が「これは迷っているな」ということが分かるので、「成仏《じょうぶつ》したい」と思って、お盆や法事などに来て、偉《えら》いお坊さんの話を聴《き》いたりしていたのです。

しかし、今は、お坊さんも亡くなった人も、あの世を信じていない者同士になっているので、〝意味不明の状態〟になっていることがあり、かえって難しい状態にはなっています。

怨霊《おんりょう》が発生する原因とは

釈尊《しゃくそん》が説いている仏教の教えを読んでみると、若いころに読んだときよりも、それから数十年たって、もう少し年齢《ねんれい》・経験を経《へ》た今のほうが、「釈尊はよく知っていたのだな」ということが本当に分かります。

怨霊《おんりょう》は、悪霊《あくれい》や悪霊《あくりょう》といっても構わないのですが、「怨霊」と呼ばれる以上、祟りをなす度合いがやや強くなるわけです。こういう者たちを調伏《ちょうぶく》するには、やはり、その原因を探究しなければいけません。

では、その原因とは何でしょうか。

「肉体を持って生きているときの自分が、本当の自分だ」と思っている人は、肉体が焼かれてなくなっている状態になると、「自分は何か不思議な世界に入っているようで、どうしていいか分からない」とか、「何でもいいから助けてくれ」という感じになることが数多くあります。そのため、通りすがりの人に取り憑《つ》くこともあるのですが、それは川で溺《おぼ》れているようなものだと思ったらよいでしょう。

川で溺れている人がいたら、手を差し伸《の》べて救いたいけれども、向こうの引っ張り方がすごかったら、こちらも船ごと引っ繰《く》り返って自分も落ちてしまいます。それと同じ状況《じょうきょう》が、現実に起きているということです。

または、迷っていることを知らせようとして、この世的にいろいろな不幸が起きたりすることもあります。家族が次々と病気をしたり、何代か続いて同じ死に方をする人が出てきたりするようなこともあるわけです。

よく自殺者が出る家の家系だと、三代も連続して同じような自殺をすることがあります。あるいは、火事で同じように死ぬとか、同じ病気になって死ぬといったことが繰り返し起きますが、医学的には、同じ病気で死ぬような場合は、おそらく、「ＤＮＡの問題だ」と言うのだろうと思います。

しかし、霊的に見ると、やはり、先に病気で亡くなった人に取り憑かれた場合に、同じ症状《しょうじょう》が出始めるのです。ガンで亡くなった人が取り憑くと、ガン細胞《さいぼう》ができてきて、ガンと同じ症状が出てきます。それは、それ以外の病気でも同じです。長く憑依《ひょうい》されていると、病巣《びょうそう》ができてき始めるのです。「思い」が肉体に変化を起こし始めるので、それを取り除かなければいけなくなるのですが、今、それができる人は、かなり少なくなっています。

あの世を知らないことで、この世が楽しくて、よいこともあるのですが、不慮《ふりょ》の事故や犯罪等で死んだ場合、あるいは、自分が思ってもみない早い時期に子供などを残して死んでしまった場合や、夫婦《ふうふ》の片方を残して死んでしまった場合等には、知らないことにより、「よすが」がないので、どうしても迷って来てしまうところがあります。

そういう人に説教をして成仏させられるところが、今はほとんどないということです。

4　怨霊《おんりょう》を発生させず、救っていくためには

「霊的《れいてき》な真実」を知らせなければ、悟《さと》りのよすががない

こういうことを考えると、幸福の科学のみなさんも、みな一生懸命《いっしょうけんめい》に仕事をしているつもりでいて、大教団になったと思っているのでしょうが、「まだ全然足りていないのだ」ということを言いたいのです。

私の説法《せっぽう》も、日本だけでも一億二千万人が聴《き》いているわけでもないですし、信者のなかでも、聴いているのは一部の人です。また、私が最初の本を出したころ、取次店が「宗教の本が一万部以上売れることはない」と断言していたぐらいなので、本を出したところで人気はないわけです。それほど売れな

いものであり、ほんの数万部でも売れたら、ものすごく売れたような気になることも事実です。

しかし、現実はそんなことでは駄目《だめ》であり、この「霊的《れいてき》な真実」を、本当に、全国津々浦々《つつうらうら》に知らせなければいけません。そうしなければ、「悟《さと》りのよすが」がないのです。

少なくとも、死んだ人が、生前、私の本を何冊か読んでいたとか、霊言《れいげん》を読んでいたとかであれば、「そういう世界があるかもしれない」ということや、「いったい、どういう理由によって天国・地獄《じごく》が分かれるのか」ということが分かるはずです。

そうした手がかりは、いろいろな本に、さまざまなかたちで書いてあるので、それが少しでも頭に入っていれば、死後も、「自分のいるところが、どういうところか」ということが客観的に見えるようになり、「自分はどうも、悪いところに来たらしいな」ということ、「何らかの悟りを得ないと、上に上がれないらしい」ということが分かるわけです。

幸福の科学の職員のみなさんや信者のみなさんは、「いっぱいいっぱい働いているから、もういいだろう」と思っているかもしれませんが、当会の教えは、まだまったく届いていないのです。そのため、毎年毎年、不成仏霊《ふじょうぶつ》が大量発生しています。

お盆《ぼん》というのは、ＪＲや航空会社を儲《もう》けさせてはいるけれども、実際に「救いの場」にはなっていないことのほうが多いのだということです。

死後に迷っている人を救えるのは正しい宗教のみ

先ほど述べたように、私の母はやや霊体質だったので、霊がかかってきたらすぐに反応が出ましたが、そこまで出ない人の場合は、おそらく、田舎《いなか》に帰って法事をしたりしたときに、〝何か〟を連れて帰ってきてしまい、戻《もど》ってきたあと、子供が病気をしたり、家庭不和が起きたりと、いろいろなことが起きる場合があると思います。

ただ、それは、家庭不和や病気、事故など、いろいろなことが出てくるのを見せることで、この世の人に、「これは何かが障《さわ》っているのではないか。おかしいのではないか。お寺や神社、霊能者のところとかに行って、何とかお祓《はら》いしてもらおう」というような気持ちを起こさせることを目的としてやっているわけです。

ですから、「宗教を軽《かろ》んずるなかれ」ということは、繰《く》り返し言っておきたいと思います。宗教が公益法人である理由を、もう一回、肝《きも》に銘《めい》じてほしいのです。

死んだあとも迷っていて、救いのない人たちが大勢います。こうした人たちを、役所も学校も救ってはくれないし、誰《だれ》も救えないのです。

それができるのは、宗教しかありません。

ただし、宗教にも、「詐欺師《さぎし》がつくっている宗教」から、「教祖が堕《だ》地獄の宗教」まで、偽物《にせもの》の宗教がたくさんあるので、信じる宗教を間違《まちが》えたら、まったく話にならないわけです。

だからこそ、正しい宗教は、その教えを広げなければ駄目なのです。本当に、隅《すみ》から隅まで広げないと意味がありません。

幸福の科学のみなさんも、ものすごく一生懸命に頑張《がんば》っているとは思うのですが、まったく届いていないのです。私が出している本のうち、どの本でも構わないので、自分が読めるような本を一冊でもいいから読んでほしいし、講演会も一回でもいいから聴いてほしいし、あるいは、御法話拝聴会《ごほうわはいちょうかい》などでも構いません。一回でもいいから観《み》ていれば、幸福の科学からの救いの縁《えん》がつきます。ですから、「伝道」というものを軽く考えないでほしいのです。献本《けんぽん》も大事ですけれども、献本をしたあと、相手がそれを読んだかどうかまできちんと確認することです。「読みましたか？」と訊《き》いて、「まだ読んでいない」と言われたら、読んでもらわなければいけませんし、「読んだ」と言われたら、一度、相手のところまで行って、その本の内容について少し話をしてみるなど、そのようなかたちで繰り返していかないと、救えません。また、これから発生してくる大量の不成仏霊も、どうしようもないわけです。

唯物論《ゆいぶつろん》・無神論の国から、地獄《じごく》への人口の供給が増えている

私は、講演会や政党系の説法等では、中国などに対してきついことも言っています。仕事で中国等と取引があるところも多いので、「中国との貿易関係がまずくなったら、会社も傾《かたむ》くし、政府も困るから、事を荒立《あらだ》てないように

したい」といったことを思っている人も多いでしょう。「どうしてあんなにきついのだろう。あれでは相手の神経を逆《さか》なですることになる」というようなことを言う人もいます。

しかし、どうしてきついことを言うかというと、それは、その国が、唯物《ゆいぶつ》論《ろん》・無神論を、はっきりと国是《こくぜ》としているからです。水面下では宗教があったり、伝統的なものがあったりするけれども、そうしたものを、国としては認めていません。まったく認めていないので、それらがあまりにも勢力を持ってき始めたら、弾圧《だんあつ》したりもしているのです。

そうした唯物論・無神論の国是を持った国の人たちは、死んだあと、どうなるでしょうか。かたちだけの葬式《そうしき》ぐらいはするのかもしれませんが、〝国が丸ごと信じていない〟ので、これは、「救われない人が大勢出てきている」ということです。地獄《じごく》への人口の供給が、ものすごく増えています。

また、そこと付き合うことによって、付き合っている国のほうも、だんだんと同じようになってきているところがあるのです。

神様、あるいは仏様がいることを認めること、死んだあとも霊があることを認めることが大事です。また、「生きている人間の肉体感覚が自分だ」と思っている場合は、死後に迷ってしまい、天上界《てんじょうかい》に上がれないことを知ってほしいのです。

「霊的《れいてき》な生き方」を知っていることが怨霊《おんりょう》の発生を防ぐ

仏教も含《ふく》め、宗教には「戒律《かいりつ》」が多いと思いますが、よく見てみると、結局、肉体を去ったあと、執着《しゅうちゃく》しないようにするために、戒律がたくさんあるわけです。

ですから、仏教の教えでも、家族にさえあまり執着しすぎないように言っています。それから、異性への執着、金銭への執着等についてもたくさん言っています。

確かに、この世では、生きていくために仕事をし、お金を稼《かせ》がなければいけないので、その原理は非常に大事ですし、働くことも大事ですけれども、宗教が金銭への執着について言うのは、死んだあとは、お金などまったく通用しないからです。お金をいくら積んだところで、それで罪が許されるわけでも何でもなく、死んだあとは役に立たないのです。

また、異性の問題等に関しても、これによって、この世での幸・不幸を分けることは多いけれども、死んでからあと、霊体《れいたい》になってみると関係がありません。霊になっているので、男女が抱《だ》き合ったところで素通《すどお》りしてしまう関係になり、この世的な性欲の喜びのようなものは実際上なくなるわけです。

地獄にはそういう所もありますが、ただ、どこまでやっても満足はできません。要するに、肉体がない状態なので、満足するはずもないのです。

そういうことで、歌舞伎町《かぶきちょう》など、男女の関係をお金に変えているようなところに霊が集まってきて、生きている人に取り憑《つ》きます。そこに来ている人の肉体に取り憑いている間は、少し似たような感覚を味わえるので、たくさん霊が来るわけです。そのため、そういうところに行くと、霊を〝もらって〟帰ることが多いと思われます。

これは、悲しいことです。この世で生きていたときの地位や身分、学歴、収入、家柄《いえがら》、あるいは、政治家であるとか、官僚《かんりょう》であるとか、学者であるとか、社長であるとか、そうしたことは、まったく何の関係もないのです。

死んだあとは、結局、仏教の基本とほとんど同じです。「この世の生活、肉体に執着した生活が偽物であり、また、それを去ると、『空《くう》』になる、あるいは『無』になる」など、いろいろ言われています。

また、肉体中心の考え方とは別に、たとえて言えば、「車の運転手が自分であり、車は自分ではないのだ」という考え方もあります。車が壊《こわ》れたら、それは〝死んだ〟ということになるけれども、運転手は死んでいるわけではなく、それからあとの生活があるということです。

ですから、「霊的な生き方」を知らなくてはいけません。その「霊的にどう生きなければいけないか」ということを、当会はいろいろと教えているわけです。

これを知っていることがとても大事であり、それが怨霊《おんりょう》の発生を事前に防ぐことになりますし、自分以外の者が怨霊になったときにも、それを諭《さと》したり、跳《は》ね返したりすることもできるようになります。そういうことが大事なのです。

密接に関連している地上界と地獄界《じごくかい》

幸福の科学が言っていることはシンプルなのですが、非常にたくさんの数の本が出ているので、「こんなに読み切れない」と思う人もいるでしょう。けれども、これは必ずしも、「全部読め」と言っているわけではありません。この世に生きている人には、それぞれに関心を持つ領域があるので、その人にとって関心のある本が出たら、手に取って読んでしまうわけです。

ただ、守護霊《しゅごれい》本などに対しては、「どうせ、この世の人のことを勉強して書いているのだろう」といったことを言う人がマスコミなどにも多いのですが、そんなことはありません。全員個性が違いますし、私が実際に会ったこともない人の守護霊本を出しています。それを（創作で）書けるかといえば、書けるわけがないのです。

「守護霊」だけでもいいので、「霊が存在する」ということを知っていれば、少しは違うところがあるでしょうし、あの世に還《かえ》ったときに、「助けに来い」と言って、自分の守護霊を呼ぶこともできるでしょう。何らかの「よすが」となるように、とにかく面積を広げて、大勢の人にアプローチをかけていかなければいけないのです。

日本神道《しんとう》も、すでに形式だけとなり、ほとんど救いができない状態になっています。正月に、「何々を叶《かな》えてください」とお願いするといった、ご利益《りやく》だけになっていることも多いでしょう。

また、仏教も、先ほど述べたように、仏教大学等では、ほとんど唯物論・無神論を教えているような状態です。漢文を朗読したり、あるいは書道の練習をしたりして、生きていく生業《なりわい》を立てる術《じゅつ》は教えてくれるけれども、現実上は「救う力」を持っていない人が大勢います。

神主《かんぬし》にもそういう力がありませんし、陰陽師《おんみょうじ》も、昔に流行《はや》ったことがあり、現代にもいますけれども、非常に細々《ほそぼそ》と生きています。ときどき、霊能者がテレビで取り上げられたりはしますが、信じていない人のほうが多いので、そういうものにこだわると、「頭がおかしくなった」などと言われたりすることが実際のところです。

そのように、みな、「この世の実業のほうが大事だ」と考えるのですが、死後は、この世の家族の生活も、会社の生活も、すべてなくなります。それらがなくなっても、あなたの心が実体になって存在し続けるのです。

それが分からない人はどうなるかというと、昔から言うように、平家《へいけ》の亡霊《ぼうれい》のごとく人魂《ひとだま》になって、お墓のあたりを飛び回るようになるわけです。そのように、この世をさまよう状態になっているのです。

この世の地上界と地獄界《じごくかい》は、わりに密接に関連しています。地上を縁として地獄界ができているので、そこに行く人の供給を減らして、地獄界を減らすためには、この地上において教えを広げ、しっかりと考え方を正さなくてはいけません。人間として、そういう悪の道に入らないように教えなければいけないのです。

したがって、「幸福の科学の教えをいくら広げても、十分ということはありえない」ということを、どうか知っておいてください。「教団の生活、生業が立てばよい」とか、「信じている人の家業が繁栄《はんえい》したり、家族の病気が治ったりしたら、それだけでよい」などと思うなら、それは、まだ、信仰《しんこう》としては、かなり浅いのです。「もっと大きな使命感を持たなければいけない」ということを言っておきたいと思います。

「天変地異」や「人を間違《まちが》った道に導くもの」との対決も宗教の仕事

今述べたことは、人霊《じんれい》が迷ったときの〝後始末《あとしまつ》〟の話であり、大部分の人はこうなります。

しかし、これ以外にも、あの世の世界には、悪さをする者、昔流に言えば「あやかし」ですが、人を惑《まど》わしたり、怪奇《かいき》現象を起こしたりするような者もいます。人間として生まれ、死後、地獄に堕《お》ちて長くなった人、千年以上ずっと地獄に堕ちているような人は、だいたい、〝悪魔《あくま》の仲間入り〟をし始めるのです。

そうしたものは、「魔王」や「小悪魔」など、いろいろと言われます。そして、再び人間に戻れないようなものは、その心に合わせて姿形《すがたかたち》も変わっていき、「妖怪変化《ようかいへんげ》」の類《たぐい》になっているものもあれば、地獄の「鬼《おに》」のようになっているものもあるし、いわゆる「悪魔」のようになっているものもあります。

人間に生まれ変わることを、ほとんど諦《あきら》めたような人たちがいるのです。

こういうものと心が引き合うと、最初は、先ほど述べたような、「死んだ人間が祟《たた》ってきて迷わせている」と思っていたところ、だんだんと「それに続いているもの」「あの世で、それらをさらに迷わせているもの」などが出てき始めて、その人の人生を、もっと〝ジェットコースターが落ちるような感じ〟にしていくことがあります。そういう「あやかし」があり、大きくは、国家レベルまで混乱に陥《おとしい》れるような場合もあるのです。

ですから、この世に不幸を起こすと、大量の地獄が発生するわけです。地獄行きの人がたくさん発生します。

また、本章の説法を行《おこな》った二日前（二〇一九年八月七日）には、浅間山《あさまやま》が噴火《ふんか》しました。大したことはありませんでしたが、例えば、いきなり溶岩《ようがん》がたくさん流れてきて、何千人という大勢の人が死んだりした場合、心の準備はないでしょう。ですから、これは、すぐに成仏できるかといえば、そんな簡単なことではないわけです。

昔であれば、イタリアのポンペイで起きた噴火でもそうでしょう。つくっていたままの食事など、いろいろなものが炭になって遺《のこ》っていたり、跡《あと》が遺っていたりしていますけれども、普段《ふだん》の生活をしていて、一瞬《いっしゅん》にして灰に埋《う》まってしまったような人もいます。そういう人々を導くのは、なかなか大変でしょう。

そうした国家レベルでの「天変地異」および「災害」、あるいは、大人物、つまり、宰相《さいしょう》や大臣、大会社の社長、影響力《えいきょうりょく》のある思想家、医者、学者など、いろいろな人をたぶらかして、「人を間違《まちが》った道に導いていくもの」がいるので、こういうものとの対決も、宗教の仕事としては残っているのだということを知っておいてください。

第3章

悪魔《あくま》の正体と見破り方

2011年1月10日　説法《せっぽう》

千葉県・幸福の科学 千葉佐倉《さくら》支部精舎《しょうじゃ》にて

1　「悪魔《あくま》対策」が必要な理由

本章では、「悪魔《あくま》の正体と見破り方」という〝恐《おそ》ろしい〟題を掲《かか》げました。

幸福の科学の信者はともかく、こうしたテーマの話を一般《いっぱん》の人々に話そうとしても怖《こわ》がられてしまい、なかなか聴《き》いてはいただけないかもしれません。

ただ、これは、実に大事な話でもあるのです。

今、当会ではさまざまな活動をしていますけれども、救世運動ということを強く押《お》し出していくと、必ず妨害《ぼうがい》が出てきます。そうした妨害の主役として、裏で活動しているのが、この悪魔という存在なのです。

したがって、救世運動を強めていくためにも、「悪魔対策」というものを考えておく必要があります。単なる興味本位の話だけではないのです。

2　悪魔《あくま》はどのような存在か

悪魔は、難所・急所を「ここぞとばかりに狙《ねら》ってくる」

みなさんは、直接、悪魔《あくま》と出会ったり、話をしたりしたことはあまりないかと思います。幸福の科学の信者であれば、公開霊言《れいげん》の映像等で、悪魔を呼び出して話をするところをご覧になったことはあるかもしれませんが、実にショッキングな存在です。

私は、三十数年前に大悟《たいご》したことになっていますが、この大悟ということに関して、仏教においては、学者がみな首をかしげて不思議がることがあります。それは、釈尊《しゃくそん》の「降魔成道《ごうまじょうどう》」についてです。

釈尊は出家《しゅっけ》後、三十五歳《さい》のときに菩提樹《ぼだいじゅ》の大木《たいぼく》の下《した》で魔を降《くだ》し、大悟したはずなのに、仏伝《ぶつでん》を読むと、その後も人生の至るところに悪魔が現れてくるシーンがあります。すなわち、「釈尊は降魔をして悟《さと》りを開いたはずなのに、なぜ、一生の間、悪魔がつきまとっているのか」という疑問があるわけです。

例えば、釈尊入滅《にゅうめつ》の三カ月前にも、マーラ・パーピーヤスという悪魔が出てきます。そのとき、釈尊は、「私は三カ月後に涅槃《ねはん》に入《い》るが、今はまだ、おまえの言うようなときではない」ということで、その悪魔を追い払《はら》うのですが、そのように、一生の間、狙《ねら》われていたことが明らかに出ているのです。これが、仏教学者にはよく分からないところなのです。

ただ、私には実によく分かります。

教団として伝道等の活動をしていると、折々に、やはり、難所・急所に当たるようなところがあります。（悪魔からすれば）「このポイントで、この時期で、この場所で、こういうタイミングで攻撃《こうげき》をかけると、活動を止めることができるかもしれない」、あるいは、「崩《くず》せるかもしれない」というようなところがあるのです。

そうしたとき、悪魔は、〝ここぞ〟とばかりに狙ってくるわけです。

ただ、それは、ある意味で、「鯉《こい》の滝登《たきのぼ》り」のようなところがあります。滝にぶつかったときに、そこを登るのは大変なことではありますが、その難所を乗り越《こ》えると、もう一段高いところに上がることができ、見晴らしのきく場所へと出られるのです。

伝道等の活動にも、そうした滝のようなところを登らなければいけない局面が、何カ所か出てきます。その折々に、悪魔という存在が、姿形《すがたかたち》を変えて出現してくることがあるわけです。

したがって、悪魔は、「完全な敵対者としてある」というよりも、ある意味においては、「〝危険地帯〟に入ったことを教えてくれるような存在でもある」と言えるでしょう。あるいは、「このままでは駄目《だめ》だ」「何らかのイノベーションが必要である」ということを教えてくれている場合もあります。何かを変えなければいけないとき、すなわち、考え方、組織、行動の仕方等を変える必要があるようなときに出てきて、組織に対する揺《ゆ》さぶりをしばしばかけてきます。

これは、一九八六年に教団を立ち上げたときから繰《く》り返し起きていることですが、今では、簡単なことでは、それほどたやすく崩れたりしないところまで教団が強くなってきてはいます。

大きな目で見れば、そのようなことが言えるでしょう。

悪魔は、人間の持つ「欲望」を体現している

しかし、個々に見れば、誰《だれ》か個人を狙って入ってくるので、それ自体は、やはり、悪質と言えば悪質で、嫌《いや》なものです。そういうときに、人間の持っている嫌なものが一気に出てくるようなところはあります。

では、悪魔は、人間の持っているどんな性質を体現しているのでしょうか。

そこには、まず、「欲望」というものが必ず存在しています。ただ、その欲望は、自分が思っているものとは違《ちが》う場合があります。ほかの人の目にはそのように見えていても、本人は違うように解釈《かいしゃく》していることがよくあるのです。

例えば、「企業《きぎょう》を大きくする」ということであっても、本当に世の中のためになる仕事をして大きくなっていく場合もあれば、社会的な一種の権力として、地位欲、名誉《めいよ》欲等を増大させ、自我我欲《じがかよく》を肥大させるかたちでの拡大も

あります。それを本人が主観的にどう思っているかは、個々別々によって違う場合があるのですが、ほかの人から見ると感じるものはあるわけです。

そのように、「今、自分が天国的な道を歩んでいるか、地獄《じごく》的な道を歩んでいるか」ということについては、必ずしも分からないところがありますが、いずれにしても、欲望は必ず存在しています。

悪魔かどうかは「頭のよし悪《あ》し」だけでは決められない

それから、勘違《かんちが》いしやすいこととして、現代は高学歴社会であるため、「天使などの神様に近い人ほど頭がよく、下のほうの階層の人は頭が悪く、地獄へ行っている人はもっと頭が悪いのだろう」と思いがちかもしれませんが、そうとも言えない面があります。

天使には頭のよい方が数多くいらっしゃいますが、悪魔もそれなりに頭がよいのです。それは、一種の〝狡猾《こうかつ》さ〟も含《ふく》めた頭のよさです。

例えば、暴力団を率いているような人も、交渉術《こうしょうじゅつ》のようなことをさせれば、ある意味で頭はよいのではないでしょうか。そういうものに、普通《ふつう》の善人が、まんまとやられてしまうようなこともあるはずです。詐欺《さぎ》的な商法に引っ掛《か》けたり、いわゆる「振《ふ》り込《こ》め詐欺」を行《おこな》ったりと、いろいろな嘘偽《うそいつわ》り等で相手を騙《だま》し、金品を巻き上げたり、罠《わな》にはめたりできるのは、この世的に見れば、ある意味で頭のよいことではあるでしょう。

ヤクザの論理とかみ合わせると、必ずどこかで引っ掛けてきて、言葉尻《じり》に引っ掛けて絡《から》んでくるようなやり方をします。そういう意味で、ディベート、議論において、ものすごく賢《かしこ》いところがあり、必ずどこかに引っ掛けてくるのです。これは、〝悪魔の手口〟とよく似たところがあります。

そういったかたちでの引っ掛けをしてくるとするならば、例えば、宗教的な活動でも、そのなかのどこかを引っ掛けて邪魔《じゃま》をするのは、簡単にできることではあります。

したがって、頭のよし悪《あ》しでは、必ずしも決めかねるものがあるわけです。

3　悪魔《あくま》が狙《ねら》ってくるポイント

「邪《よこしま》な心を持った権力者」は悪魔に狙われやすい

実は、頭のよい人にも悪魔《あくま》は入りやすいのです。

そういう人は、この世で出世したり、権力を持ったりしやすいパターンになるので、悪魔としては、「その人に入れば大きな力を持てる」とばかりに、もっと狙《ねら》ってくるわけです。したがって、心に邪《よこしま》な部分があれば、入ってこられることがあります。

キリスト教系の悪魔を描《えが》いた映画「オーメン」シリーズでは、主役に当たる悪魔の化身《けしん》・ダミアンが、大きな財閥《ざいばつ》を乗っ取ってその長《ちょう》になるとともに、米国駐英大使《ちゅうえいたいし》になるなど、政界を駆《か》け上《のぼ》っていこうとするところが出てきます。

そのように、この世的な権力を持とうとして、自分の勢力下、支配下を増やそうとするところもあるので、財界人や政界人だから善人だというわけではなく、そういった人にも悪魔は入れるのです。

たとえ、外に向けて、口ではいかに上手にPRしていても、実は欲があって、心の奥底《おくそこ》で考えていることが違《ちが》えば、そこに入っていくことはできます。

悪魔は、その人の「いちばん大事なもの」を狙《ねら》ってくる

それから、もう一つ、悪魔の嫌《いや》なところは、その人の「いちばん大事なもの」を狙《ねら》ってくること、担保《たんぽ》に取ってくることが多いところです。それによって揺《ゆ》さぶりをかけてきます。

何に対して揺さぶりをかけるかというと、「信仰心《しんこうしん》」に揺さぶりをかけてく

るわけです。

例えば、愛している子供が重病に罹《かか》り、お祈《いの》りをしたにもかかわらず死んでしまう。そのような経験をしたことで、信仰心を捨ててしまうようなことがあるかもしれません。

また、真理企業《きぎょう》として頑張《がんば》っていたのに、突如《とつじょ》、アメリカ発の不況《ふきょう》の波が来て倒産《とうさん》してしまい、それで信仰心を捨ててしまうというような場合もあるでしょう。

あるいは、一生懸命《いっしょうけんめい》にやっていたのに、夫婦《ふうふ》の片方が死んでしまうとか、親子の間でいさかいが絶えないなどということが起きたりすることもあるわけです。

こうしたことを見てみると、意外に、影響力《えいきょうりょく》の少ない人の場合はそうでもなく、力を持ってきたり、活躍《かつやく》し始めたり、活躍するポテンシャル、潜在《せんざい》的な力の強い人などのところに、悪魔は「惑《まど》わかし」でよく入ってくるのです。

しかも、その人個人ではなく、その人の近場にいて、本人に影響を直接与《あた》えられる人のところに入ってきます。要するに、「家庭のなかの弱いところ」に揺さぶりをかけることがあるのです。

例えば、非常に親孝行な人であれば、親のほうが狙われると、子供としては信仰が揺れるでしょう。それは、きょうだいであってもそうだと思います。きょうだいのなかでも当然、デコボコはあるので、弱いほうを狙って揺さぶってきます。そうすると、熱心に信仰することによって、何だか家庭に不和が起きているように見えたりするわけです。

そのように、いろいろなことが起きます。

悪魔に取り憑《つ》かれたときに聞こえてくる「声」

それから、日本では年間二万人を超《こ》える自殺者が出ています。自殺者の全員が全員、同じパターンとは言えないので、理由はいろいろあるかとは思いますが、悪魔に魅入《みい》られた人はそういるでしょう。

もちろん、人生の苦しみや悩《なや》み、挫折《ざせつ》に行き当たって自殺をするパターンは多いと思いますし、悪魔といっても、小悪魔や中程度の悪魔から大きいものまで、レベルはいろいろとあります。

ただ、私が今まで経験してきたことを統計的に見るかぎり、悪魔に取り憑《つ》かれたときに、向こうの霊力《れいりょく》が強くて、こちらの主体的な判断、念力《ねんりき》や意志などでは打ち返せない場合には、「殺してやる」とか「死ね」などというような声が聞こえてくるというケースがあまりにも多いのです。

ほとんどのパターンがそうなのですが、理性的に考えてみれば、そんな声が、守護霊《しゅごれい》や天使の声であるはずがありません。

しかし、そういった声が聞こえる人は現実にいます。精神科のほうに行くと、そういう人はたくさんいて、病棟《びょうとう》のなかに大勢〝かくまって〟いるはずです。また、刑務所《けいむしょ》に入っている人でも、おそらく、刑務所から一般《いっぱん》社会に出ると、人を殺したくなる衝動《しょうどう》が出てくることはあるのではないでしょうか。

そういうときには、内側から、「殺せ」という声が聞こえてくるのだろうと思います。「人を殺せ!」「あいつは悪いやつだ!」「絶対に殺せ!」というような声が聞こえてきて、連続して人を殺してしまうようなことも起きるわけです。

そうした場合、「魔が入った」などと言われますけれども、これは本当にそのとおりなのです。

凶悪《きょうあく》犯罪を犯《おか》すような人の場合と、人を殺したりする人の場合と、それ以外に、「死ね！」というかたちで声が聞こえてきて自分を殺す人の場合、つまり、自殺の場合には、やはり、かなり凶悪なものに取り憑かれているケースが多く、これを取り払《はら》うのは、そう簡単なことではありません。

悪魔が「家族」のところに入りやすい理由

悪魔に取り憑かれた場合、心のなかに、そういったものを引き寄せる何かがあることは事実ではあるのですが、それだけではなく、やはり、何らかの間接的な目的があることも多いのです。

先ほども述べたように、そういう人が出ることによって、ほかの人たちが正当な活動をできなくなるような、何らかの「揺さぶり」を狙っていることが多くあり、そこが怖《こわ》いところなのです。

夫婦であれば、例えば、奥さんが幸福の科学の女性部で活躍していたり、支部長をしていたりすると、旦那《だんな》さんのほうに入ることがありますので、気をつけないといけません。

最初は、「愛情」や「ささやかな独占欲《どくせん》」から入るのですが、次には「嫉妬《しっと》心《しん》」というものが芽生《めば》えてきて、足を引っ張りたくなる気持ちが出てきます。そういうときに悪魔が入ってき始めて、家のなかで足を引っ張るわけです。

肉親というのも、本当は愛情に基《もと》づいてできているものなのですが、信仰の世界に入れてしまうと、必ずしもうまくいかない場合もあります。というのも、外にいる人のほうが、正当に評価してくれる場合があるからです。

例えば、奥さんでも旦那さんでも結構ですが、どちらかが支部長をしていて、悪霊撃退《あくれいげきたい》の祈願《きがん》などを支部で行《おこな》っているとします。

その場合、家族はたいてい、「うちのお母さんの祈願なんか効くわけがない」

などと感じるものなのです。「もう、お金の無駄《むだ》だ。そんなものは効くわけがない。悪魔がいなくなるわけがない」と思っているのは家族のほうで、外の人はそうでもありません。

「あの支部長は、普通の人に比べればかなり立派な方だから、そうとう効き目がある」と思っているのは外の人で、家族は、「周りの人は騙《だま》されているのではないか」と思うものなので、意外に家族のところというのは入りやすいのです。そして、それで揺さぶられると、活動がしにくくなってくるというようなことが起きるわけです。

女性部長などでも、同じようなことはけっこう起きると思いますし、あるいは、男性が地区長をしていても、同じようなことは起きると思います。

「目に見えない世界」のことをまったく無視して、「この世的なもの」だけを見ると、やはり、人間の持っている時間は有限ですし、できることも限られているし、お金にも限りがあります。そのため、宗教的なことというのは、この世の常識や理性に照らして見ると、おかしく見えるようなことがたくさんあるわけです。

「唯物論《ゆいぶつろん》」の学者や僧侶《そうりょ》にも、悪魔の手は忍《しの》び寄っている

例えば、エクソシストものの映画等を観《み》ても、医者やジャーナリストなどは、だいたい「まず疑ってかかる」というスタイルで出てきます。「あなたは神父《しんぷ》だから信じているかもしれないけれども、こちらは証拠《しょうこ》がないかぎり信じられない」というように、必ず、やり合う感じになるのです。

今も、そういう人はけっこういるでしょう。

脳科学者といって、脳の生理学者のような立場で本を書いたり、テレビに出たりしている人もいますが、そういう人は、魂《たましい》や霊などを信じたくなくて、

すべてを脳の機能に戻《もど》してしまうのです。中身をよく見たわけでもないだろうに、「脳が万能《ばんのう》機械のように、すべてを取り仕切っている」という感じで、「すべてが脳のせい」というようにしてしまう人もなかにはいます。

さらに質《たち》の悪い人になると、脳の学者でありつつ、僧侶《そうりょ》の資格も取り、伝統宗教の僧籍《そうせき》を持っていながら、「霊はない。あの世はない。そういうことを言うやつは、みんなインチキだ。詐欺《さぎ》だ」などと言って回っているのです。そういう人が世の中にはいて、本を書いたり、テレビに出たりしています。

こんな人には、悪魔が入り放題でしょう。要するに、「宗教を破壊《はかい》するために活動している」「悪魔の走狗《そうく》になって手伝っている」ということです。

彼らは、この世的に頭が悪いわけではありません。単なる「邪見《じゃけん》」なのです。つまり、「魂などはなく、すべて脳の機能である。だから、死んだら何もかもなくなる」と思っているわけで、最初の〝思い込《こ》み〟のところが間違っているのです。

そういう状態では、いくら勉強しても無駄でしょう。その上にいくら積んでも、もとが違っているのであれば駄目なのです。やはり、車を分解したところで、「なぜ車がつくられたのか」という、それをつくった者の意志は、見破れない者には見破れません。分解だけしても駄目なのです。

そうした、「あの世を信じず、霊を信じないのが仏教だ」などと言う人に、僧籍を与えるような宗教も困ったものではありますが、実は、そのように積極的に宗教を妨害《ぼうがい》しているような者のところにも、悪魔の手は忍《しの》び寄っているのです。

「傲慢《ごうまん》さ」や「うぬぼれ」も悪魔が入ってくる入り口

もちろん、唯物論《ゆいぶつろん》であっても、医学部系や工学部系などでは役に立つようなところがずいぶんあるので、私は、それを全部否定する気はありません。

実際に、ある種の栄養分を摂《と》らなければ体が悪くなることもあれば、逆に、ある種のものを摂りすぎたことで体が悪くなることもあります。「標準から見て、あまりに外れている数値が出ているものについては、改善しなければ病気になる」というようなことも現実にあるわけです。

やはり、単に「奇跡《きせき》が起きるか、起きないか」だけの問題ではなく、「日ごろ、合理的な生活をしているかどうか」という目で見ることも、とても大事だと思うので、それを全部否定する気はまったくありません。それはそれでよいでしょう。

しかし、「自分たちが分からない領域」について、それを全部否定するような考え方は、傲慢《ごうまん》だと思うのです。

そういう意味で、「悪魔の入ってくる、もう一つの入り口」とは、「傲慢さ」

や「うぬぼれ」、あるいは「謙虚《けんきょ》さのなさ」であり、そこにもズバッと入ってくるのです。

今まで幾度《いくど》となく悪魔と戦ってきましたが、いちばん難しかったのは、うぬぼれの強いタイプの人から悪魔を離《はな》すことでした。やはり、「自分は特別な人間だ」と思っているような人から悪魔を剥《は》がすのは、かなり難しいのです。

謙虚な人の場合、悪魔を取るのは、それほど難しくありません。簡単に取れます。なぜなら、謙虚な人は、反省ができるからです。反省の習慣を持っている人であれば、悪魔を取ることができるのです。

ところが、反省ができないタイプの人もいます。そういう人は、自我が非常に強いのですが、その自我の強さは「うぬぼれ」や「慢心」というものから来ています。そういうものから出ていることが多いのです。

「強欲《ごうよく》な人」や「怠《なま》け者」にも悪魔が入りやすい

また、強欲《ごうよく》で、この世のいろいろなものを、すばやくバッと取っていく人がいます。会社であれば、「儲《もう》けになるものを、パッと取っていくような仕事をしている」、「ライバルを蹴落《けお》としたり、競合企業をぶっ潰《つぶ》したりしてでも勝っていこうとする」というタイプです。

そういう人のなかには、やはり、〝悪魔の入りやすい素質〟が一部あると思います。

あるいは、Ｍ＆Ａ（合併《がっぺい》、買収）という、会社を買ったりする活動があります。もちろん、全部が全部そうとは言えないかもしれませんが、なかには、相手の会社の従業員のことや、よい製品を世の中に売り出すというようなことをまったく考慮《こうりょ》せずに、「今、ここは安いけれども、将来、値上がりしそうだ」ということで買い、「値上がりしたら、すぐに売り飛ばして利益だけをあげる」というようなことがあるかもしれません。

彼らは、この世的に見れば、賢《かしこ》くて頭がよく、金儲けがうまいわけですが、そうした人のなかにも、悪魔は必ず入れるでしょう。

要するに、マネーゲームのように巨額《きょがく》のお金を動かして、ウォールストリート型の商売をする者のなかにも、悪魔が入る余地はあるわけです。

そういう意味では、「頭がいい」とか、「金儲けがうまい」とかいうだけでは、必ずしも合理化できないものはあります。やはり、「強欲」というところにも、悪魔は非常に入りやすいので、この世的に見て優秀《ゆうしゅう》な人にも入れるのです。

もちろん、それとは逆に、この世的に見て、サボったり、怠《なま》けたり、言い訳をしたり、愚痴《ぐち》を言ったり、寝《ね》てばかりいたりするような人にも悪魔は入れます。

もちろん、「これの全部が悪い」とは言いません。夜中に活動や仕事をしていて、昼間は寝ている人もいるとは思います。休みの日に寝ている人もいるでしょう。

ただ、どちらかといえば怠け者と判定されるような者にも、悪魔が入りやすい気《け》はあります。そうした人は、世間《せけん》からの非難を受けて、言い訳をしたり、愚痴を言ったりするような、「自己保存の心」が強くなる傾向《けいこう》があるからです。

4 「悪魔祓《あくまばら》い」に必要なもの

「エクソシズムが成功する条件」とは

結局、「悪魔祓《あくまばら》い」、いわゆる「エクソシズム」は、信仰心《しんこうしん》がカチッと立っている場合には、だいたい成功します。悪魔は、たいてい取れるのです。

幸福の科学には、「悪魔祓い」や「悪霊祓《あくりょうばら》い」、「病気治し」など、いろいろな祈願《きがん》等がありますが、精舎《しょうじゃ》であろうと支部であろうと、エル・カンターレ信仰をきちっと持って、儀式《ぎしき》や修法《しゅうほう》に則《のっと》って祈願等をすれば、そうとうな効き目がありますし、実際に、悪魔や悪霊《あくれい》を引き剝《は》がす力が出てきます。

ところが、信仰心のところが立たないと、力が弱くなるのです。「信仰心を持っていない」ということは、単に「持っていない」というだけではなく、どちらかというと、「実は、その逆のものを信じている」というのと同じ意味を持つことがあるのです。

要するに、彼ら（悪魔や悪霊）のフィールドというか、領域のなかに自分を置いていることを意味するので、剝がせないわけです。

例えば、「幸福の科学の教えには、いいところもあるかもしれないし、エル・カンターレも偉《えら》いのかもしれない。でも、こんな問題もあるし、あんな問題もある。いろいろな問題がたくさんあるじゃないか」というようなことを言い始めると、だいたい修法系のものは効かなくなってきます。

基本的には、それだけで向こうの〝手下〟に入っているようなもので、実際は、悪魔を信じているのと同じ効果があるのです。つまり、〝向こう〟のほうに近しいわけで、あちらを信じていて手放さないから、取れないのです。

そのため、調子がよくならないわけです。

『聖書《せいしょ》』を読むと、イエスは病人を治すときに、いつも、「汝《なんじ》、われを信じるや」と問うています。そして、「主よ、あなたを信じます」と答えると、「あなたの思うとおりになれ」と言って、病気が治るのです。そのように、信仰心を持っているかどうかをいつも確認しています。「信ずる者は救われる」ということを、きちっと言っており、それが条件として出ているわけです。「信じることで、信じているものと一体になる」のです。

そのため、悪魔を信じていると、結局、悪魔と一体になってきます。それは、暴力団の組員が暴力団の組長を信じていたら、そちらに近づいていくのと同じかもしれません。

そういう意味で、この世の常識や理性のなかには、実は〝悪魔の教え〟につながるものが数多くあります。そういうものに基《もと》づいて判断すると、「迷わし」がたくさん入ってくる場合があるということを知っておいたほうがよいでしょう。

『仏説《ぶっせつ》・正心法語《しょうしんほうご》』や『エル・カンターレへの祈《いの》り』の威力《いりょく》

なお、悪魔祓いは、信仰心のところがきちっと立っていれば、基本的に、『仏説《ぶっせつ》・正心法語《しょうしんほうご》』や『エル・カンターレへの祈《いの》り』で十分に可能です。これで悪魔は耐《た》えられないのです。『仏説・正心法語』のCDは、全編をかけると二十分ぐらいだと思いますが、これで剥《は》がせないものは今のところありません。

しかし、本人に信仰心がない場合、例えば、(幸福の科学の教えに対して)「何を言っているの?」というような人の場合は、効かなくてもしかたがないでしょう。ただ、ずっ

●『仏説・正心法語』　幸福の科学の根本経典《きょうてん》。三帰誓願者《さんきせいがんしゃ》(幸福の科学の三帰誓願式において、仏《ぶつ》・法《ほう》・僧《そう》の三宝《さんぼう》に帰依《きえ》することを誓った人)にのみ授与される。(右)『仏説・正心法語』、(左)CD「仏説・正心法語」(共に宗教法人幸福の科学刊)。

とやっていれば、少しは効くかもしれません。

そのように、基本的には、『仏説・正心法語』や『エル・カンターレへの祈り』で悪魔祓いは可能です。もちろん、修行《しゅぎょう》の進んだ人にやってもらったほうが効くのは間違《まちが》いありませんが、自分でも、ある程度、可能でしょう。「教学」をして、その内容、悟《さと》りのレベルが上がれば上がるほど、効き目は大きくなってくると思います。

最後は「この世的なものに執着《しゅうちゃく》する心」との戦い

「悪魔祓い」は、最後は、「執着《しゅうちゃく》との戦い」になります。

やはり、この世には、いろいろと執着するものがあるわけです。〝いいもの〟がたくさんあって、「この世的に失いたくないもの」を数多く持っているのではないでしょうか。

●『エル・カンターレへの祈り』　幸福の科学の三帰誓願者《さんきせいがんしゃ》限定の経文《きょうもん》。地球神エル・カンターレへの信仰を深める経文が収められている。

ただ、何度も説いているように、この世的なものは、いずれ、すべてを捨てなくてはいけないようになっているのです。家であろうが、財産であろうが、国債《こくさい》であろうが、親きょうだいであろうが、子供であろうが、いずれ別れは来ます。必ず別れが来て、自分一人になるのです。

そして、魂《たましい》として、あの世に旅立たなくてはいけないときが来ます。いかに親しい関係であっても、いかに大事なものであっても、いかに執着したものであっても、いずれ、それを捨てなくてはいけない時期が必ず来るのです。

どうか、そうした気持ちを持っておいてください。

船が沈《しず》みかかっているときには、もったいないのは分かっていても、船のなかの荷物を捨てなくてはいけません。それらを取引してお金に換《か》えたかったから、たくさんの積み荷があるのでしょうが、船が沈むのであれば積み荷は捨てなければ駄目《だめ》です。

したがって、そうしたものを捨ててください。

例えば、学歴自慢《じまん》とか、財産自慢とか、家柄《いえがら》自慢とか、息子《むすこ》自慢とか、美貌《びぼう》の自慢とか、あるいは、地位の自慢とか、いろいろなものがたくさんあるかもしれません。しかし、どれもあの世には持って還《かえ》れないので、最後は捨ててください。

持って還れるものは「心」だけです。心のなかでも、「正しい信仰心」と言えるものしか持って還れるものはないのです。

最後は、裸一貫《はだかいっかん》になって、信仰心だけを持って、あの世へ還る気持ち、覚悟《かくご》を固めれば、いかなるものも、あなたがたを支配することはできなくなります。どうか、「最後は、そういうことだ」ということを覚えておいてほしいのです。

例えば、植福《しょくふく》（布施《ふせ》）などのお勧《すす》めもいろいろとしていると思いますが、これは、単に、お金や財産のようなものを差し出しているだけではなくて、やはり、「修行の一部でもあるのだ」ということを知っておいてください。

そうしたことは、この世の普通《ふつう》の価値観を持ち、普通の理性的な生き方をして、週刊誌的、あるいは、新聞的なものの見方をしている人にとっては、なかなかできることではありません。それは一種の「捨てる」という行為《こうい》であり、実は、そのなかに尊い修行が潜《ひそ》んでいるのだということを、知らなければいけないと思います。

要するに、「最後は、この世的なものに執着する心との戦いになる。その際、目に見えない世界、神仏《かみほとけ》や霊界《れいかい》といったものを信じ切れるかどうか。そこにかかっている」ということです。それを言っておきたいと思います。

そこがきちっと固まっていたら、最後に、刑務所《けいむしょ》に入ったり、精神科の病院に入ったりするところまで、やられないで済むはずです。しかし、この世的なものとの間で板挟《いたばさ》みになって苦しみ続けると、精神に障害が出てくることもあるかもしれません。そうした実態をよく知ってほしいと思うのです。

「信仰心《しんこうしん》」さえ立っていれば、未来は開けていく

また、〝武器〟としては、すでに出ているもので十分に戦えます。十分に戦う力はあるので、どうか、信仰心《しんこうしん》を立てて伝道してみてください。それが、「救世の行《ぎょう》」なのです。

その途中《とちゅう》で、眠《ねむ》っていた悪魔が、あちこちで起き上がってくることもあるでしょう。会社のなかや隣《となり》近所との付き合い、家族、親族、学校関係など、いろいろなところで、悪魔がムクッと頭をもたげて起き上がり、障害物として現れてくることがあると思うのです。しかし、それに対しては、やはり、強い信仰心で生き抜《ぬ》いてください。

結局、信仰心さえ立っていれば、船の先が水を割って進んでいくようなかたちで、未来は開けていくのです。必ず、そのようになると私は思います。

5 悪魔《あくま》との戦いを勝ち抜《ぬ》くには

「破壊《はかい》」とは反対の「世界を平和に、幸福にしていく心」

以上、「個人としての戦い方」について述べてきましたが、もう一つは、教団として、「全体の力」を増していくことも大事でしょう。信仰《しんこう》団体として、しっかりと立ち上がり、強くなっていくことによって、そうした全体の力が「個人に対する救いの力」としても働いてくるようになるのです。

相手にしている世界が広いので、まだまだ力の及《およ》び切っていないところもあるでしょうが、どうか、「魔《ま》との戦い」というものを通して、自分自身を高めていってほしいと思います。

魔そのものを見れば、非常に強力で、陰湿《いんしつ》で、残忍《ざんにん》で、攻撃《こうげき》的で、人の不幸を積極的に願っているような存在であり、嫉妬《しっと》や憎《にく》しみ、攻撃心等の塊《かたまり》のようで、許しがたい存在に見えるかもしれません。

ただ、あなたがたは、信仰心に基《もと》づいて、できるだけ「調和のある心」をつくり出し、毒まで食らわないようにしてください。魔が競《きそ》い立って暴《あば》れているようなときには、淡々《たんたん》として、なすべき業務や聖務をこなしていくことです。耐《た》え抜《ぬ》いていくなかで着々と進めることによって、いつの間にか〝追い風〟が吹《ふ》くようになるでしょう。

したがって、この世的なことで、あまりつまずかないでください。例えば、商売がうまくいかなくなったとか、子供が少しおかしくなったとか、あるいは、学業が不振《ふしん》になったとか、いろいろなことがあろうかと思います。

しかし、この世のことは、必ずしも、すべてが思うとおりにはなりませんし、もともとそういうものなのです。この世において、すべてが満足になってしまったならば、この世から出られなくなります。「この世は修行《しゅぎょう》の場である」ということを、どうか忘れないでください。

悪魔は、本来、修行の場であるところの、「この世の世界」に執着《しゅうちゃく》しており、ここに人々を閉《と》じ込《こ》めて執着させ、自分の活動領域を増やそうとしているだけなのです。

そして、その活動の本質は「破壊《はかい》」です。人々を破壊し、社会を破壊する活動に喜びを感じているわけです。これは、人間として最低の心境でしょう。人の不幸を喜んだり、世の中の価値あるものを崩壊《ほうかい》させて喜んだりするのは、最悪の活動です。

やはり、そのようにはなりたくありません。できれば、未来に向かって、世界を平和に、幸福にしていきたいと思います。

どうか、そのようなことを強く心に願ってください。

悪魔に取り憑《つ》かれている人の導き方

本章では、「悪魔の正体と見破り方」という、すごい題を付けてしまいましたが、これは、心眼《しんがん》が開《ひら》かなければ、そう簡単に見破れるものではないかもしれません。

ただ、幸福の科学でしっかりと修行していれば、そうしたものに取り憑《つ》かれている人であるかどうかということは、コーヒーを一杯《ぱい》飲みながら話をしたぐらいで、だいたい見破れるのではないでしょうか。

例えば、お茶でも飲みながら話をして、その人の人生観などを尋《たず》ね、返ってくる考え方を聞いてみて、家庭の状況《じょうきょう》まで見れば、普通《ふつう》の悪霊《あくれい》にやられているぐらいのレベルか、あるいは、もう一段大きいものにやられているかどうかは、ある程度分かるでしょう。〝破壊力のある立場〟に立っている人であるほど、取り憑けば、悪魔ももう一段大きいことができるため、そういうところでも見破れると思います。

そのように、お茶を飲んでいる間の時間程度で、だいたい見破れるはずなので、「これは（悪魔が）来ている」と見たら、それなりの信仰心で戦うことです。

そのとき、どうか、霊流《れいりゅう》を引いてください。自分一人で戦うのではなく、教団の中心部から霊流を引いて、「主よ、われとともに戦いたまえ」と心のなかで念じながら、「法語《ほうご》」「法の言葉」を語って相手を導くことが大事です。

それから、どうしても取れないものに関しては、時間をかけてゆっくりとやっていくしかない場合もあるでしょう。急速に叩《たた》き出すわけにはいかない場合があります。

要するに、その人の周期があるのです。「穏《おだ》やかなとき」と「かなり激しいとき」とがあるので、激しいときに言ったら、もっと来ることがあります。一日のなかでも、ときどき穏やかなことがあるので、そういうときに真理を入れてあげることが大事です。また、そこに「相手への思いやり」を込めてあげることも大切だと思います。

とにかく、悪魔に取り憑かれるタイプの人は、自分のことを反省したりはせず、他罰《たばつ》的な思いが非常に強いのです。「利己心」と「他を罰する思い」、「周りが悪いという思い」が非常に強いため、これが激しく燃え上がっているときには、そう簡単に鎮火《ちんか》、鎮静《ちんせい》しません。そういう場合は、様子を見ながら導いていかなければいけないわけです。

あとは、教団の中心から光を引くことと、サンガ（僧団《そうだん》、教団）全体で、しっかりと力を増すことが大事だと思います。

「この世の常識」に負けない力を

みなさんの今までの「人生の常識」というものは、この世のものによって、そうとう出来上がっているのではないかと思います。

それに反するものがいろいろと出てきても、どうか怯《ひる》まないでください。幸福の科学では、当会において起きた奇跡《きせき》を発表しています。さまざまな病気が治るような事例も出てきています。

しかし、そういうものを伝えても、世の中は、「そんなものは、自分で見ないかぎり信じない」などと言うような人に満ちていると思います。「それを単純に信じられるなんて、君は騙《だま》されているんだよ」というようなことを言われ、「ああ、そうかな」と思い、負けてしまうこともあるのではないでしょうか。

ただ、それは、相手も確信を持って言っているわけではなく、まずは〝第一次防衛線〟を敷《し》いて言っていることが多いのです。「自分は、そんなに単純な人間ではない」と言いたいだけのこともあるので、こちらも単純すぎないほうがよいと思います。

信者のみなさんが強くなれば、私も力が強くなってくるところがあります。今後、救世運動のなかで、「魔との戦い」もさらに激しくなってくるかもしれませんが、心を引き締《し》めて、もう一段の前進を勝ち取りたいと考えています。

あとがき

本書には、悪魔《あくま》の嫌うことや、怨霊《おんりょう》の実態、悪魔の正体をどのように見破り、対処するかが、わかりやすい言葉で語られている。

本書を甘くみてはいけない。仏教諸派が長大な漢文のお経で教えんとして、教えられなかったことが、この本一冊に簡潔《かんけつ》に、現代語で語られているのである。言葉をかえれば、本書一冊が『悟りの書』でもあるのだ。

悪魔の力が増大してくる現今《げんこん》の時代、本書一冊を頼りにして生き抜いてほしい。

そして、たとえ身体《からだ》は焼かれ、頭脳が失われても、あなたが永遠の生命を生きていかねばならぬことを受け容《い》れてほしい。
私は、あなたがたの「永遠の師」なのだから、この師の言葉を信じて、ただひたすらについて来るがよい。

二〇二〇年　四月十七日

幸福《こうふく》の科学《かがく》グループ創始者兼総裁《そうししゃけんそうさい》　大川隆法《おおかわりゅうほう》

『悪魔の嫌うこと』関連書籍

『エクソシスト入門』（大川隆法 著　幸福の科学出版刊）
『エクソシスト概論』（同右）
『真のエクソシスト』（同右）
『悪魔からの防衛術』（同右）
『真実の霊能者』（同右）
『生霊論』（同右）
『ザ・ポゼッション』（同右）
『あなたの知らない地獄の話。』（同右）
『地獄の方程式』（同右）
『実戦・悪魔の論理との戦い方』（同右）

『「仏説・降魔経」現象編――「新潮の悪魔」をパトリオットする』（同右）

悪《あく》魔《ま》の嫌《きら》うこと

2020年４月30日　初版第１刷

著　者　　大《おお》　川《かわ》　隆《りゅう》　法《ほう》

発行所　　幸福の科学出版株式会社

〒107-0052 東京都港区赤坂２丁目10番８号
TEL(03)5573-7700
https://www.irhpress.co.jp/

印刷・製本　株式会社 堀内印刷所

落丁・乱丁本はおとりかえいたします

ISBN978-4-8233-0078-3 C0014

大川隆法ベストセラーズ・霊的世界の真実

永遠の法

エル・カンターレの世界観

すべての人が死後に旅立つ、あの世の世界。天国と地獄をはじめ、その様子を明確に解き明かした、霊界ガイドブックの決定版。

2,000円

神秘の法

次元の壁を超えて

この世とあの世を貫く秘密を解き明かし、あなたに限界突破の力を与える書。この真実を知ったとき、底知れぬパワーが湧いてくる!

1,800円

新しい霊界入門

人は死んだらどんな体験をする?

あの世の生活って、どんなもの? すべての人に知ってほしい、最先端の霊界情報が満載の一書。渡部昇一氏の恩師・佐藤順太氏の霊言を同時収録。

1,500円

あなたの知らない地獄の話。

天国に還るために今からできること

無頼漢、土中、擂鉢《すりばち》、畜生、焦熱、阿修羅、色情、餓鬼、悪魔界——、現代社会に合わせて変化している地獄の最新事情とその脱出法を解説した必読の一書。

1,500円

大川隆法シリーズ・**最新刊**

コロナ・パンデミックはどうなるか

国之常立神 エドガー・ケイシーリーディング

世界に拡大する新型コロナウィルス感染の終息の見通しは？ 日本神道の神と近代アメリカを代表する予言者が示す「衝撃の未来予測」と「解決への道筋」。

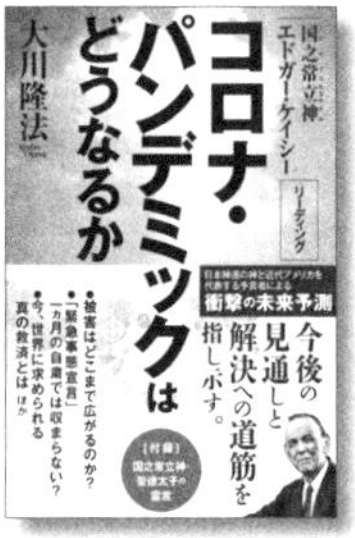

1,400円

心霊喫茶「エクストラ」の秘密 ―The Real Exorcist―

大川隆法　大川咲也加　共著

大川隆法総裁の「原作ストーリー」と、大川咲也加書き下ろしの小説を収録。「真実の悪魔祓い」を描いた本映画を何倍も深く楽しむための絶好の参考書。

1,500円

霊界・霊言の証明について考える

大川咲也加 著

霊や霊界は本当に存在する――。大川隆法総裁の霊的生活を間近で見てきた著者が、「目に見えない世界」への疑問に、豊富な事例をもとに丁寧に答える。

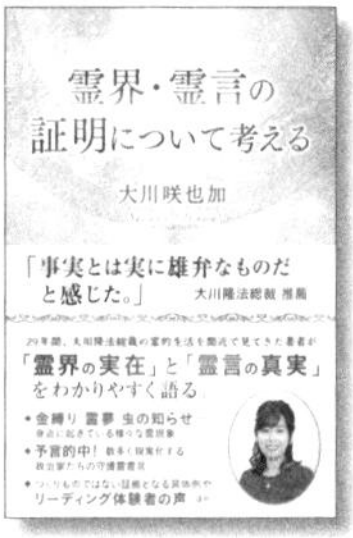

1,400円

徹底反論座談会1・2・3

宏洋問題の「嘘」と真実
宏洋問題「転落」の真相
宏洋問題「甘え」と「捏造」

幸福の科学総合本部 編

宏洋氏の「悪質な虚偽・捏造」「破門の真相」等について、総裁本人と家族、歴代秘書たちが「真実」を検証。宏洋問題への徹底反論座談会シリーズ。

各1,400円

※表示価格は本体価格（税別）です。

モナコ国際映画祭2020
最優秀作品賞
(エンジェル・トロフィー賞)
モナコ国際映画祭2020
最優秀主演女優賞
モナコ国際映画祭2020
最優秀助演女優賞
モナコ国際映画祭2020
最優秀VFX賞
エコ国際映画祭2020
inナイジェリア
最優秀作品賞
エコ国際映画祭2020
inナイジェリア
最優秀助演女優賞
心の闇を、打ち破る。
心霊喫茶
「エクストラ」の秘密
—THE REAL EXORCIST—
製作総指揮・原作／大川隆法
千眼美子
伊良子未來 希島凛 日向丈 長谷川奈央 大浦龍宇一 芦川よしみ 折井あゆみ
監督／小田正鏡 脚本／大川咲也加 音楽／水澤有一 製作／幸福の科学出版 製作協力／ARI Production ニュースター・プロダクション
制作プロダクション／ジャンゴフィルム 配給／日活 配給協力／東京テアトル ©2020 IRH Press cafe-extra.jp
2020年5月15日(金) ロードショー

1991年7月15日、東京ドーム。
人類史を変える「歴史的瞬間」が誕生した。
——これは、映画を超えた真実。
夜明けを信じて。
2020年秋 ROADSHOW
製作総指揮・原作 大川隆法
田中宏明 千眼美子 長谷川奈央 芦川よしみ 石橋保
監督／赤羽博 音楽／水澤有一 脚本／大川咲也加 製作／幸福の科学出版 製作協力／ARI Production ニュースター・プロダクション
制作プロダクション／ジャンゴフィルム 配給／日活 配給協力／東京テアトル ©2020 IRH Press

幸福の科学グループのご案内

宗教、教育、政治、出版などの活動を通じて、地球的ユートピアの実現を目指しています。

幸福の科学

一九八六年に立宗。信仰の対象は、地球系霊団の最高大霊、主エル・カンターレ。世界百カ国以上の国々に信者を持ち、全人類救済という尊い使命のもと、信者は、「愛」と「悟り」と「ユートピア建設」の教えの実践、伝道に励んでいます。

（二〇二〇年四月現在）

愛

幸福の科学の「愛」とは、与える愛です。これは、仏教の慈悲《じひ》や布施《ふせ》の精神と同じことです。信者は、仏法真理をお伝えすることを通して、多くの方に幸福な人生を送っていただくための活動に励んでいます。

悟り

「悟り」とは、自らが仏の子であることを知るということです。教学《きょうがく》や精神統一によって心を磨き、智慧《ちえ》を得て悩みを解決すると共に、天使・菩薩《ぼさつ》の境地を目指し、より多くの人を救える力を身につけていきます。

ユートピア建設

私たち人間は、地上に理想世界を建設するという尊い使命を持って生まれてきています。社会の悪を押しとどめ、善を推し進めるために、信者はさまざまな活動に積極的に参加しています。

国内外の世界で貧困や災害、心の病で苦しんでいる人々に対しては、現地メンバーや支援団体と連携して、物心両面にわたり、あらゆる手段で手を差し伸べています。

年間約２万人の自殺者を減らすため、全国各地で街頭キャンペーンを展開しています。

公式サイト **www.withyou-hs.net**

ヘレン・ケラーを理想として活動する、ハンディキャップを持つ方とボランティアの会です。視聴覚障害者、肢体不自由な方々に仏法真理を学んでいただくための、さまざまなサポートをしています。

公式サイト **www.helen-hs.net**

入会のご案内

幸福の科学では、大川隆法総裁が説く仏法真理《ぶっぽうしんり》をもとに、「どうすれば幸福になれるのか、また、他の人を幸福にできるのか」を学び、実践しています。

入会

仏法真理を学んでみたい方へ

大川隆法総裁の教えを信じ、学ぼうとする方なら、どなたでも入会できます。入会された方には、『入会版「正心法語《しょうしんほうご》」』が授与されます。

ネット入会 入会ご希望の方はネットからも入会できます。
happy-science.jp/joinus

三帰《さんき》誓願《せいがん》

信仰をさらに深めたい方へ

仏弟子としてさらに信仰を深めたい方は、仏《ぶっ》・法《ぽう》・僧《そう》の三宝《さんぽう》への帰依を誓う「三帰誓願式」を受けることができます。三帰誓願者には、『仏説・正心法語』『祈願文《きがんもん》①』『祈願文②』『エル・カンターレへの祈り』が授与されます。

幸福の科学 サービスセンター
TEL 03-5793-1727
受付時間／
火～金：10～20時
土・日祝：10～18時
（月曜を除く）

幸福の科学 公式サイト
happy-science.jp

ハッピー・サイエンス・ユニバーシティ

Happy Science University

ハッピー・サイエンス・ユニバーシティとは

ハッピー・サイエンス・ユニバーシティ（HSU）は、大川隆法総裁が設立された「現代の松下村塾」であり、「日本発の本格私学」です。
建学の精神として「幸福の探究と新文明の創造」を掲げ、
チャレンジ精神にあふれ、新時代を切り拓く人材の輩出を目指します。

人間幸福学部　経営成功学部　未来産業学部

HSU長生キャンパス TEL **0475-32-7770**
〒299-4325　千葉県長生郡長生村一松丙 4427-1

未来創造学部

HSU未来創造・東京キャンパス
TEL **03-3699-7707**
〒136-0076　東京都江東区南砂2-6-5

公式サイト **happy-science.university**

学校法人 幸福の科学学園

学校法人 幸福の科学学園は、幸福の科学の教育理念のもとにつくられた教育機関です。人間にとって最も大切な宗教教育の導入を通じて精神性を高めながら、ユートピア建設に貢献する人材輩出を目指しています。

幸福の科学学園

中学校・高等学校（那須本校）
2010年4月開校・栃木県那須郡（男女共学・全寮制）
TEL **0287-75-7777** 公式サイト **happy-science.ac.jp**

関西中学校・高等学校（関西校）
2013年4月開校・滋賀県大津市（男女共学・寮及び通学）
TEL **077-573-7774** 公式サイト **kansai.happy-science.ac.jp**

仏法真理塾「サクセスNo.1」

全国に本校・拠点・支部校を展開する、幸福の科学による信仰教育の機関です。小学生・中学生・高校生を対象に、信仰教育・徳育にウエイトを置きつつ、将来、社会人として活躍するための学力養成にも力を注いでいます。

TEL 03-5750-0751（東京本校）

エンゼルプランV　TEL 03-5750-0757

幼少時からの心の教育を大切にして、信仰をベースにした幼児教育を行っています。

不登校児支援スクール「ネバー・マインド」　TEL 03-5750-1741

心の面からのアプローチを重視して、不登校の子供たちを支援しています。

ユー・アー・エンゼル！（あなたは天使！）運動

一般社団法人 ユー・アー・エンゼル　TEL 03-6426-7797

障害児の不安や悩みに取り組み、ご両親を励まし、勇気づける、
障害児支援のボランティア運動を展開しています。

NPO活動支援

いじめから子供を守ろうネットワーク

学校からのいじめ追放を目指し、さまざまな社会提言をしています。また、各地でのシンポジウムや学校への啓発ポスター掲示等に取り組む一般財団法人「いじめから子供を守ろうネットワーク」を支援しています。

公式サイト mamoro.org　ブログ blog.mamoro.org

相談窓口 TEL.03-5544-8989

百歳まで生きる会

「百歳まで生きる会」は、生涯現役人生を掲げ、友達づくり、生きがいづくりをめざしている幸福の科学のシニア信者の集まりです。

シニア・プラン21

生涯反省で人生を再生・新生し、希望に満ちた生涯現役人生を生きる仏法真理道場です。定期的に開催される研修には、年齢を問わず、多くの方が参加しています。全世界212カ所（国内197カ所、海外15カ所）で開校中。

【東京校】TEL 03-6384-0778　FAX 03-6384-0779
メール senior-plan@kofuku-no-kagaku.or.jp

幸福実現党

内憂外患《ないゆうがいかん》の国難に立ち向かうべく、2009年5月に幸福実現党を立党しました。創立者である大川隆法党総裁の精神的指導のもと、宗教だけでは解決できない問題に取り組み、幸福を具体化するための力になっています。

幸福実現党 釈量子サイト　**shaku-ryoko.net**

Twitter　**釈量子@shakuryokoで検索**

党の機関紙
「幸福実現NEWS」

幸福実現党　党員募集中

あなたも幸福を実現する政治に参画しませんか。

- ◯幸福実現党の理念と綱領、政策に賛同する18歳以上の方なら、どなたでも参加いただけます。
- ◯党費：正党員（年額5千円［学生 年額2千円］）、特別党員（年額10万円以上）、家族党員（年額2千円）
- ◯党員資格は党費を入金された日から1年間です。
- ◯正党員、特別党員の皆様には機関紙「幸福実現NEWS（党員版）」（不定期発行）が送付されます。

＊申込書は、下記、幸福実現党公式サイトでダウンロードできます。

住所：〒107-0052　東京都港区赤坂2-10-8 6階 幸福実現党本部

TEL **03-6441-0754**　FAX **03-6441-0764**

公式サイト **hr-party.jp**

幸福の科学出版

大川隆法総裁の仏法真理の書を中心に、ビジネス、自己啓発、小説など、さまざまなジャンルの書籍・雑誌を出版しています。他にも、映画事業、文学・学術発展のための振興事業、テレビ・ラジオ番組の提供など、幸福の科学文化を広げる事業を行っています。

アー・ユー・ハッピー？
are-you-happy.com

ザ・リバティ
the-liberty.com

幸福の科学出版
TEL **03-5573-7700**
公式サイト **irhpress.co.jp**

THE FACT
ザ・ファクト
マスコミが報道しない「事実」を世界に伝えるネット・オピニオン番組

YouTubeにて随時好評配信中！

ザ・ファクト 検索

NEW STAR PRODUCTION

ニュースター・プロダクション

「新時代の美」を創造する芸能プロダクションです。多くの方々に良き感化を与えられるような魅力あふれるタレントを世に送り出すべく、日々、活動しています。 公式サイト **newstarpro.co.jp**

ARI Production

ARI《アリ》 Production《プロダクション》

タレント一人ひとりの個性や魅力を引き出し、「新時代を創造するエンターテインメント」をコンセプトに、世の中に精神的価値のある作品を提供していく芸能プロダクションです。 公式サイト **aripro.co.jp**

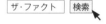

大川隆法　講演会のご案内

大川隆法総裁の講演会が全国各地で開催されています。講演のなかでは、毎回、「世界教師」としての立場から、幸福な人生を生きるための心の教えをはじめ、世界各地で起きている宗教対立、紛争、国際政治や経済といった時事問題に対する指針など、日本と世界がさらなる繁栄の未来を実現するための道筋が示されています。

2019年12月17日 さいたまスーパーアリーナ「新しき繁栄の時代へ」

2019年10月6日 ザ ウェスティン ハーバーキャッスル トロント(カナダ)「The Reason We Are Here」

2019年7月5日 福岡国際センター「人生に自信を持て」

2019年3月3日 グランド ハイアット 台北(台湾)「愛は憎しみを超えて」

2019年7月13日 ホテル イースト21 東京「幸福への論点」

講演会には、どなたでもご参加いただけます。最新の講演会の開催情報はこちらへ。⟹ 大川隆法総裁公式サイト https://ryuho-okawa.org